新知图书馆
第二辑

25个艺术和建筑科学实验

ART AND ARCHITECTURE

【美】史蒂芬·M. 托马舍克/著　刘　辉/译

上海科学技术文献出版社
Shanghai Scientific and Technological Literature Press

图书在版编目（CIP）数据

25个艺术和建筑科学实验 /（美）史蒂芬·M. 托马舍克著；刘辉译．—上海：上海科学技术文献出版社，2019
ISBN 978-7-5439-7886-7

Ⅰ．①2… Ⅱ．①史…②刘… Ⅲ．①科学实验—初中—教学参考资料 Ⅳ．① G634.73

中国版本图书馆 CIP 数据核字 (2019) 第 074847 号

图字：09-2019-281

策划编辑：张　树
责任编辑：于学松　苏密娅
封面设计：许　菲

25 个艺术和建筑科学实验
25GE YISHU HE JIANZHU KEXUE SHIYAN
[美]史蒂芬·M. 托马舍克　著　刘辉　译
出版发行：上海科学技术文献出版社
地　　址：上海市长乐路 746 号
邮政编码：200040
经　　销：全国新华书店
印　　刷：常熟市人民印刷有限公司
开　　本：720×1000　1/16
印　　张：9
字　　数：151 000
版　　次：2019 年 6 月第 1 版　2019 年 6 月第 1 次印刷
书　　号：ISBN 978-7-5439-7886-7
定　　价：28.00 元
http://www.sstlp.com

序 言

当你听到“科学”这个词时，最先想到的是什么？是否和大多数人一样，想到陈列着各种各样玻璃器皿和许多精密仪器的实验室？想到总是身着白大褂，整日埋头于各种实验，满脸严肃的科学研究人员？虽然在许多地方这种对科学家的传统看法仍然是正确的，但是实验室却不是唯一存在科学的地方。在某个建筑工地、篮球场甚至是一场你喜爱的乐队的演奏会上，都可以发现科学。实际上，科学无处不在。我们在厨房里做饭时要用到科学；画画时要用到科学；建筑师设计建筑物时要用到科学；甚至解释为什么你最喜欢的棒球选手可以打一个本垒打也要用到科学。

几个世纪以来，人类不断地对周围世界进行探索和研究，从中获得的知识不断积累成科学。科学知识的代代传承通过一系列的教育活动得以实现。所有科学教育活动的一项基本目的就是培养年轻人具有批判性思维和解决问题的能力，而这些能力是受益终身的。

科学知识教育具有学术独特性，不仅要展现事实规律、传授技能，更要培养学生的好奇心和创造性。因此，科学是主动的过程，不可能完全用被动的教学方法实现上述目标。教育工作者时常面临“科学教育的最佳途径是什么”这样的难题。尽管尚无确切答案，但是教育界的一些研究成果还是为我们带来了有益的启示。

研究表明，学生必须积极主动地参与科学实践，通过切身体验学习科学知识。我们要鼓励人们摆脱和超越书本，敢于质疑，提出新奇的设想，进行大胆的预测和假设，自己设计实验内容和步骤，并能收集相关信息，记录实验数据，分析所发现的结果，利用各种资源来拓展知识。换言之，在学习科学的过程中，不能只用耳朵“听”，还必须动手“做”。这也就是学科学的最佳方法——“做”科学。

所谓“做”科学就是进行科学实验。涉及科学的课程当中，实验部分发挥着多项教育功能。在很多情况下，需要实际操作的教学活动能有效地激发学生的兴趣，有助于新课题的导入。例如，我们介绍某一有争议的实验，会激发学生的探究欲望并解开现象背后的谜团。课堂上的调查研究活动也有助于学生温故知新。根据神经科学的理论，科学实验和其他学习实践活动有助于将新知识从短期记忆转化成长期记忆。以实践活动和实验为主的“做”科学不仅有助于学生掌握科学概念，而且有助于培养当今年轻人对科学的兴趣。

为此，我们策划了这套“新知图书馆”系列丛书，汇集了天文、地理、物理、化学、生物、海洋、机械、音乐、体育、艺术、建筑、环境等多个领域的科学内容，我们将通过实验验证这些学科内容在日常生活中的应用，通过简单的实验吸引学生兴趣，使之能够进行实践操作，实现我们所说的“做”科学。丛书每个分册围绕一到两个主题设计了 20～40 项实验，实验所用的材料大多都是生活中常见的物品。各类实验配有插图和图解，便于抓住学生注意力，直观地传递信息。所有实验都会综合调动学生进行科学探究的各方面技能，诸如观察、测量、归类、分析以及预测等。此外，某些实验要求学生通过自己设计并完成开放式实验项目，锻炼其探究科学的能力。

书中大多数的实验都是要求在教师和成年人的指导下，以小组的形式进行的，这其中的一个好处是学生们有机会通过社会交往途径进行学习，使得学生有了集思广益和相互学习的机会。神经科学的研究成果证明，小组学习是一种有效的学习手段，人脑是具有社会属性的器官，人际交流和相互协作能提高学习的效果。

“新知图书馆”系列丛书的目标是借助实验激发学生学习科学的兴趣，传授基本的科学概念，培养批判性思维能力。当学生完全沉浸在丰富的实验环境中，他们会经历许多惊喜并获得意外收获，体验到新旧知识融合以及豁然开朗的非凡乐趣。在这样的条件下，学习活动才真实生动而又效果持久。

我们希望当你们完成这些实验时，能对身边的世界有更好的了解。也许阅读这套书并不能使你们成为一流的运动员或数一数二的科学家，但是我们希望这些实验能够激发你们去发现日常生活中的科学，也能鼓励你们把我们的世界变得更加美好。

目 录

实验前必读

在开始任何实验前仔细阅读

每项实验都包括与具体主题相关的特别安全提示。这些提示不包括那些在做其他任何科学实验时都必须注意的基本规则。因此，你必须仔细阅读下面的安全准则，并时刻牢记在心。

科学实验很容易有危险，规范的实验步骤应该包括细致的安全守则。在实验过程中随时会有意外发生，例如，材料可能会溢出、破碎，甚至着火。发生危险时你甚至来不及自我保护。在整个实验过程中，不论是否会对你造成危险，你都要严格遵守下面的安全提示，时刻警惕意外危险发生。

对每个独立的实验我们都设计了比较保守的安全预防措施。所以，我们希望你能认真对待本书中的所有安全提示。正是因为非常危险，因此你应该明确看到了这些提示。

因为时刻记住所有的规则并不容易，所以在开始每一项实验之前和准备每一项实验时都要重新阅读这些规则，这样你就会在实验的每一个危险关头注意保持安全。此外，在做那些会发生潜在危险的步骤时，你要运用自己的判断力，时刻保持警惕。虽然书中并没有提到"小心热的液体"或"不要用刀划破你的手指"，但并不表示你在烧水或在塑料瓶上打洞时可以疏忽大意。书中的安全提示只是一些特别的提醒。

安全准则

粗心、仓促、缺乏知识或不必要的冒险都会引发事故，采取安全的步骤和在整个实验过程中都保持警惕可以避免上述危险。一定要阅读书中每项具体实验后附加的安全提示和遵从需要成人监督的要求。如果你是在实验室里做实验，记住不要一个人操作。如果不是在实验室里做实验，要至少3个同学一组，并严格遵守学校和各地的法律对监督人员数量的要求。请求具有急救知识的成人监护员看护，并准备好急救包。确保在实验过程中人人都知道急救员的位置。

准　备

- 在实验之前清理桌面，保持干净。
- 开始实验之前，阅读整个实验说明。
- 了解实验中的危险和可预料的危险。

自我保护

- 有步骤地遵守实验说明。
- 每次只做一个实验。
- 确定安全出口、灭火毯和灭火器的位置，关闭燃气和电源开关，准备好洗眼水和急救包。
- 确保充分通风。
- 不要喧闹嬉戏。
- 不要穿露脚趾的鞋。
- 保证地板和工作间干净、整洁、干燥。
- 立即清除溢出物。
- 如果玻璃器皿破裂，不要自己打扫，请求教师帮助。
- 把长头发束到脑后。
- 不要在实验室或工作间里吃东西、喝饮料或吸烟。
- 除非有知识丰富的成人明确告知，否则不要食用任何实验用的材料。

小心使用器材

- 不要把仪器竖立在桌子边缘。
- 小心使用刀子或其他尖锐的仪器。
- 拔电源插头，而不是拔电线。
- 使用前后都要清洗玻璃器皿。
- 检查玻璃器皿的擦痕、裂痕和尖锐边缘。
- 玻璃器皿破碎了要立即通知老师。
- 不要让反射光照射你的显微镜。
- 不要触摸金属导体。
- 小心用电。
- 使用酒精温度计，而不是水银温度计。

使用化学品

- 不要品尝或吸入化学品。
- 在盛有化学品的瓶子和仪器上贴好标签。
- 仔细阅读标签。
- 避免化学品接触皮肤和眼睛（戴安全镜或护目镜、实验用围裙和手套）。
- 不要触摸化学溶液。
- 使用溶液前后要洗手。
- 彻底清除溢出物。

加热物质

- 在加热材料时戴安全镜或护目镜、围裙和手套。
- 使你的脸远离试管或烧杯。
- 当在试管里加热物质时，避免把试管的顶端对着其他人。
- 使用耐热玻璃制成的试管、烧杯和其他玻璃器皿。
- 不要使仪器处于无人看管状态。

- 使用安全钳和耐热手套。
- 如果你的实验室没有耐热工作台，把本生灯放在耐热垫上之后再点燃。
- 点燃本生灯时要注意安全；点燃本生灯时保持通气孔关闭，使用本生灯专用打火机而不用火柴。
- 使用电炉、本生灯和燃用气体完毕后立即关闭。
- 使易燃物远离火焰或其他热源。
- 手边准备一个灭火器。

实验结束

- 彻底清理你的工作场所和任何使用过的玻璃器皿。
- 洗手。
- 小心不要把化学品或污染了的试剂放入错误的容器。
- 不要在水槽里处理材料，除非要求这样做。
- 清理所有的残留物，把它们放到正确的容器里进行处理。
- 按照各地法律规定处理化学品。

随时保持安全意识！

简 介

摩天大楼、圆顶雪屋、航天飞机、人造卫星、隧道、桥梁……这些无一不是工程学的神奇造物。这本实验教程让教师和学生一起动手，共同进行生动有趣的科学实验，在实验中解密工程，探究科学发展，为学生们开启科学的大门，让他们成为未来的科学家！

为什么木头、石头和金属都可以变成艺术品？为什么五颜六色的光交织在一起能产生美丽的颜色，而不同的颜料混合却变成了脏兮兮的黑色？为什么桥不会塌下来？建筑中的拱门和圆顶仅仅是为了好看吗？"新知图书馆"系列丛书之《25 个艺术和建筑科学实验》用一个个简单又不乏趣味的小实验，让我们了解到艺术与建筑中蕴含的科学奥秘。

科学和艺术的起源

说到“艺术”这个词，第一个闪入我们脑海的是什么？可能是《蒙娜丽莎》抑或其他闻名于世的绘画，也可能是宏伟的雕塑或古代精美的陶瓷品。然而，艺术不仅仅只有这些。舞蹈和艺术，甚至诗歌都是艺术形式的一种。就其最一般的意义上来说，我们所说的艺术包括所有一个人或一群人创造的令人赏心悦目的事物。它是需要特殊的技艺和大量的想象来实现的一种表达形式。其实，艺术这一词来源于拉丁语 ars，其含义就是“技术”。

艺术还有其实用的一面。因为绘画和雕塑具有审美性，所以为了不使房间过于单调乏味，人们常常用这些艺术品来装饰房间。技工就是那些创造具有使用价值的物品，比如陶器、家具和工具的手艺人。他们往往精雕细琢，让这些艺术品超凡脱俗而富有魅力。艺术还常常体现在建筑物和桥梁的设计与构建中。这就是建筑学的全部内涵。

表面看来，艺术和科学属于两个截然相反的领域。科学家们按部就班，讲究方法，而艺术家则天马行空，毫无拘束。尽管这样，艺术和科学仍然具有一些很重要的相同之处。科学家和艺术家都需要仔细地观察世界、关注细节，他们都需要创造力并利用他们的想象力解决问题。

艺术中处处隐藏着科学。画家在调色板上调颜料时，他必须对基本的光学知识有所了解。雕塑家在挑选石头时，应该具备关于硬度、断裂及解理等地质常识。

在这篇文章中，我们会就不同艺术形式中体现出来的科学进行研究。艺术的范围极广，我们则主要关注一些视觉艺术、素描、绘画、雕塑和陶器。我们还会

印度泰姬陵是建筑艺术中的典型代表。对称的巨大的圆顶型设计，内嵌珍贵宝石，四面伸展的花园和倒映神殿于水的石砌水池，这一令人震惊的视觉历史珍品向人们显示了建筑也可以成为艺术。

关注隐藏在建筑中的科学，并发现同科学控制艺术一样，科学是如何控制建筑物和桥梁的设计和建造的。

早期的艺术家

我们无从准确知晓从何时起人们开始创造了艺术。艺术的发展与语言和音乐一样经历了很长一段时期。很可能是最初学会使用木头、骨头和石头制作工具的那一群人，造就了第一批艺术品。科学家们认为早在 4 万多年前就出现了最早的艺术形式，它们都是刻或画在工具上的简单的装饰，其中很多都以那一时期人们打猎的动物为设计特点。我们不知道早期艺术家刻画这些形象的原因，但其目的可能不仅仅是为了让物品更具审美效果。通过研究一些仍然在世的猎手，很多科学家解释说，这些形象是猎手与猎物在精神层面取得联系的一种方式。

直至今天，在仪式上用动物或人的图像或雕塑作为动物或人的化身依然存在于很多文化中。或许那些早期的猎手们相信在矛上刻画熊的形象能赐予自己一种超强的力量，更容易捕到猎物。正是由于第一批艺术品有可能就刻在木头或骨头上，体验第一手的木刻经验就成了我们开始艺术中的科学探索之旅绝好的起点。在“实验 1 检验木头的性能”中，你会发现木头的哪些性能使它成为或雕或砌的绝好材料。

实验 1　检验木头的性能

题　目

木头的什么性质使其能够雕刻？

简　介

木头是早期艺术采用的材料之一。因为树的种类不计其数，木头也含有广泛的特质，这都使得它能够被塑造和雕刻。古代狩猎者们虽然技术有限，但他们了解木头的一些特性。因此，他们收集不同的木头分作不同的用途。在这项活动中，你将检测 3 种木头，并从中得出具有什么特性的木头适合塑造和雕刻。

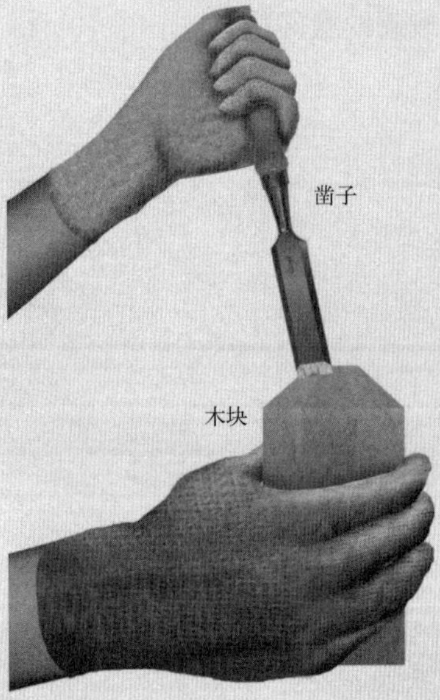

实验时间

60 分钟

实验材料

- 小木凿或平刃螺丝刀
- 小块巴尔沙木(消闲品商店有出售)
- 小块松木(消闲品商店有出售)
- 小块枫树木或橡木(消闲品商店有出售)
- 一副厚作业手套
- 几张质地较好的砂纸(120 目)
- 成人助手

安全提示

在实验过程中,你会用到工具去雕刻木头。工具必须锋利,如不正确使用,可能引起伤害。建议在成年人的看护下进行此项活动。

实验步骤

1. 仔细观察 3 块木头。拿起木头,比较一下重量。用拇指肚挤压木头测试其硬度。观察木头的纹理及其他你认为重要的特性。记录下观察结果。

2. 戴上手套。一手拿起一块巴尔沙木,用木凿或螺丝刀在木头上刻上字母“T”。用工具操作时要慢,以防滑脱。在雕刻时,注意观察碎木屑脱落的过程。记录下观察结果。

3. 重复步骤 2,雕刻松木和橡木或枫木。将它们和巴尔沙木进行对比。记录下你在雕刻每一块木头时木头发生的不同变化。

4. 脱掉手套,然后用手指来回慢慢地摩挲刻字的地方。不要留下木屑。记录木头的质地。用砂纸将粗糙的地方磨光滑。注意木头表面的不同,记录下观察结果。

分 析

1. 当你用拇指肚挤压木头时发现哪一块木头最硬?
2. 哪种木头最容易雕刻?
3. 用砂纸磨过之后,3 块木头的雕刻部分发生了什么变化?

实验中将会发生什么?

所有的木头都来自大树,但是不同的树种产生的木头也不同,它们拥有不同的特性。如果用木头来做雕塑或家具,硬度则成为一个很重要的特性。大体来说,软木更容易雕刻,但它也有缺点。硬度低的木头,像巴尔沙木和松木含有木纤维,在给它们施力后会很容易破裂。当用雕刻工具掘进木头中,这些软木中的纤维很容易造成表面脱落,这就使人很难在木头上精雕细琢。另外,软木被砂纸磨过之后,纤维不断冒出,使得木头表面很难被磨平。

硬木(如橡木、枫木和山核桃木)很难雕琢,需要更大的力气来打破其木质纤维,这就意味着雕刻工具需要更尖锐。但是,因为硬木中的纤维更容易被一小块一小块地分开,这就为艺术家们在硬木上进行精雕细琢提供了条件。用砂纸磨过的硬木表面则光滑无比。

实验结果

1. 枫木或橡木雕刻起来比巴尔沙木和松木坚硬得多。
2. 由于巴尔沙木最软,所以它也最容易雕刻。
3. 磨砂磨过之后,枫木和橡木质地光滑;巴尔沙木粗糙不平;松木也很光滑。

石 头

木头不是早期艺术家雕刻的唯一材料,还有一些其他常用的材料,如象牙、骨头和石头。大约 3 万年前,艺术家在雕刻动物画像的同时也开始雕刻人物形象。一类常见的人物雕塑就是我们所熟知的维纳斯形象。这些小雕像大多用石头雕刻而成，常常表现为怀孕的妇女形象。科学家和历史学家对于这些表现的形象持有不同的看法，但普遍的观点认为这些画像意喻繁衍生息。至少，维纳斯的画像标志着那时艺术家们的石头雕塑技术已相当纯熟。

和木头一样，石头也有很多种类，每一种都有不同的特性。在“实验 2 检验石头的性能”中，你将会发现石头的哪些特性决定其雕刻的效果。

实验2　检验石头的性能

题　目

石头的什么性能使其能够雕刻？

简　介

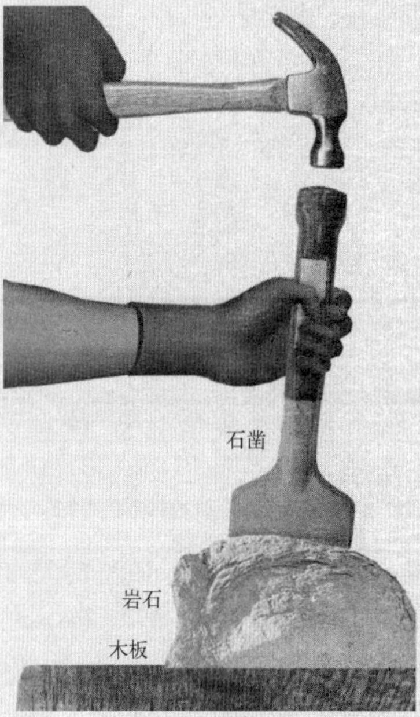

石头有很多特性，包括颜色、晶粒大小及形状、密度和结构。早期艺术家发现一些石头可以作为雕刻的理想材料，但另外一些却不可以。谈到雕刻用的石头，两个性能显得尤为重要——硬度和裂痕。硬度是指石头被打碎或剥落时的坚硬程度。裂痕则是指石头断裂及破碎时的纹理，由石头中结晶体微粒的结构决定。在此项实验中，你将检测3种石头，并从中发现硬度和裂痕如何影响石头的雕刻。

实验时间

60分钟

实验材料

- 用于开凿石头的凿子
- 锤子
- 钢钉
- 放大镜
- 一块长 30 厘米、厚 5 厘米的方形木头
- 一块拳头大小的石灰岩（建筑和园艺用品店有售）
- 一块长约 15 厘米的方形板岩（建筑和园艺用品店有售）
- 一块拳头大小的花岗岩（建筑用品店有售或经纪念碑经销商购买）
- 一副厚作业手套
- 护目镜或安全眼镜
- 成人助手

安全提示

在实验过程中，你会用到工具去凿石头。实验过程中，你及任何靠近的人必须戴好护目镜。用锤子敲打凿子时戴好手套。请注意，不要打到你的手指。该工具锋利，如不正确使用，可能造成伤害。建议在成年人的看护下进行此项实验。

实验步骤

1. 用手感觉石灰岩的质地。用放大镜仔细观察并描述石头微粒如何组合在一起形成石头。用钉子刮石头的表面。记录下观察结果。

2. 重复步骤 1，记录下对板岩和花岗岩样品的观察结果。

3. 戴上手套和护目镜。将石灰岩放置到木板上，凿子对准石头表面。用锤子敲打凿子直至石灰岩破裂。注意打破石灰岩需要多大力度。将凿子拿开后，观察石灰岩的裂边。记录下观察结果。

4. 依次在板岩和花岗岩上重复步骤 3。将其结果和石灰岩进行对比。观察 3 种石头任何不同的破裂现象，记录下观察结果。

分 析

1. 用钉子刮时哪块石头样品最坚硬？
2. 敲碎哪块石头需要的力气最大？
3. 3 块石头样品的裂边有什么不同？

实验中将会发生什么？

石头的特性由其构成决定。石头有 3 种主要的组成方式。花岗岩是一种火成岩，它在地表以下由岩浆冷却结晶形成。花岗岩一般内部晶体较大，因此岩质较硬，不易破裂。石灰岩是一种沉积岩，它由其他岩石即沉积物的风化物结合而成。大部分石灰岩中砂目较小，因此它比花岗岩要柔和得多，并且破裂面一般也较为光滑。板岩是一种变质岩，它由其他岩石加热和挤压而成。热量和高压使得岩石内部矿物晶体重新排列。所以，受到敲打，板岩一般都会沿着重组的晶粒劈裂或断开，裂边成锯齿状。

石灰岩和花岗岩都用于雕刻。由于花岗岩更柔和些，所以其更易塑形和雕琢精细之物。雕刻花岗岩则需要花费更多的时间和精力，但雕成的塑像更耐磨和长久保持。因此花岗岩成为室外雕塑的理想材料。这也就解释了为什么大多数纪念碑和墓地的墓石都用花岗岩做成。而石灰岩雕塑则经受不住室外的风蚀雨淋，很快就会磨损。由于板岩极易沿长长的平行线发生破裂，因此其极难雕刻。然而，它却是铺设人行道的理想材料。

实验结果

1. 花岗岩样品最硬。
2. 花岗岩最难打碎。
3. 由于石灰岩由细微粒组成，裂边相对光滑。花岗岩裂边粗糙。板岩则分层断裂。

现代石制品

时代变迁，石雕刻匠们所用的工具也不断地在发生变化，但是数千年以前的很多技术却一直沿用至今。雕刻的第一步就是选择合适的石头。几乎所有的石头都可以被雕刻成形，但多数的石刻家只从5种石头中选择，从软到硬排列为：滑石、雪花石、石灰石、大理石和花岗岩。

选择完石头，艺术家则会用锤和大凿子凿掉部分，粗制出大概构形。多数情况下，凿子都像一个大长钉尖尖地直入石头。然而，当艺术家们需大量的削除石头时，他可能会用一种斧凿。这种工具有大而平的刀刃，极适合将岩石劈开几大块。基本形状完成后，艺术家将用稍小并更专业的凿子对石头进行更进一步的细雕。雕刻的最后阶段，艺术家们的工作由削变为磨。砂磨工具包括木锉和类似于锉的曲锉。这些工具淡化了凿痕并光滑了石头表面。

黏土便于艺术家在塑形时任意地添加和去除，它具有其他材料（比如石头和木头）所无法比拟的优势。

雕刻的最后两个步骤是砂磨和润色。打磨石头和打磨木头的程序完全一样，除了打磨石头需要粗沙砾的砂纸之外，打磨石头的砂纸一般都由碳化硅微粒组成，它比一般的沙砾要坚硬得多。在打磨花岗岩或其他坚硬的石头时，一些艺术家会用嵌有微小钻石的砂纸。在最后润色阶段，雕刻家会用到一个叫铁丹细粒度，还有一个砂轮或一块布。整个雕塑的完成需花费大量的精力和几个月的时间。石雕最后能够经历住时间的考验并长久的屹立。所以，世界各地的博物馆里数千年之久的石雕处处可见。

黏土塑形

大自然赋予人类的艺术材料并不止石头一种。还有一种和艺术作品关系密切的材料，这就是黏土。黏土是由岩石磨损而形成的沉积物。黏土有优于岩石和木头的一些优势。不论岩石还是木头都很坚硬，并且需要一点一点地凿或削。这可是具有破坏性的一个步骤，而黏土塑形在这一步则是有创造性的。一个泥土雕塑可以由一个个的小块拼接而成。石头雕刻具有其无法还原性，对于艺术家来说，误凿的石头不可以被还原。而用黏土雕刻则不然，在雕塑过程中，你可以任意地添加或去除。在“实验 3 检验沉淀物的性能”中，你将发现检测沉淀物的另外一些特性，以及这些特性是如何使黏土成为雕塑和陶器的理想材料的。

实验 3　检验沉淀物的性能

题　目

沉渣的什么特性使其能够被塑造成形?

简　介

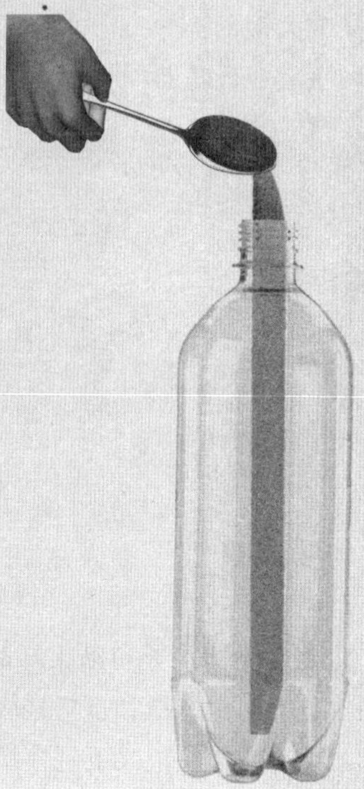

沙砾、沙和黏土都是沉渣的一种,它们由损坏和风化的岩石碎片形成。这 3 种沉渣主要的不同在于沉积颗粒的大小。

从定义上来说,直径大于 2 厘米的岩石颗粒为沙砾。沙子颗粒则直径在 0.05—2.0 厘米之间。黏土颗粒最小,它的颗粒直径要小于0.000 2 厘米。与沙子和沙砾不同的是,单个的黏土颗粒用肉眼甚至高功率光显微镜都看不到。此项实验中,你将对比沙子和黏土的几个不同特性,测试如何将黏土与其他几种沉渣区分开来。另外,你还会发现黏土的什么特性使其成为制造雕塑和陶器的理想材料。

实验时间

此实验需 2 天时间。第一天需要 45 分钟,第二天需要 15 分钟。

实验材料

- 一杯(250 毫升)干燥的天然黏土(艺术用品店有售)
- 一杯(250 毫升)干燥的细沙(建筑材料用品店有售)
- 刻度量筒或量杯
- 一个 1 公升大带盖空汽水瓶,去除商标
- 2 个小塑料碗
- 2 个塑料勺
- 纸巾
- 放大镜
- 手表或计时器
- 水

安全提示

本实验无需特殊安全防范措施。请仔细阅读并遵守本书“实验前必读”中的“安全准则”。

实验步骤

1. 将干燥的沙子和黏土样品分别放在两个塑料碗中。用放大镜仔细观察样品。分别用大拇指和食指轻轻捏起两个样品,来回轻捻几次。描述你对每种样品的所看所感。记录下观察结果。

2. 每个碗中倒入 1/5 杯(大约 50 毫升)水。用勺子将水和沉渣搅匀。搅拌后,用大拇指和食指捏起少量混合物并来回轻捻。样品检测完毕后,将手里的泥

沙残留物放回原来的碗中。用湿巾将手擦拭干净。记录下观察结果。

3. 将一半的湿黏土倒入苏打水瓶中，另外将一半的沙子样品放入同一瓶中。在瓶中注水直至瓶子满 3/4 处，然后盖上瓶盖并拧紧。用力摇晃瓶子 10 秒钟，然后将瓶子置于桌面。此时观察瓶子中沉渣的反应。将瓶子静止放于桌面 15 分钟。在此期间进行步骤 4。

4. 将剩下的黏土放于手中使劲揉搓。当你试图将其揉成一团时，观察发生了什么。将黏土重新放回碗中，然后对沙子重复以上过程。描绘并记录下此过程中各种沉渣的现象。将这两个碗置于一个安全角落，确保其 24 小时内不被扰动，任其干透。

5. 回过来看苏打水瓶，观察沉渣。记录下观察结果。

6. 24 小时之后，检查碗中的沙子和黏土样品。分别取适量放入手中，描述它们的不同。记录下观察结果。

分 析

1. 两种干燥的沉渣样品有哪些不同之处？
2. 两种潮湿的沉渣样品有哪些不同之处？
3. 在手中挤压潮湿的沉渣样品，样品有何反应？
4. 样品在瓶中搅匀并静止 15 分钟后，沉渣有何反应？
5. 放置一旁干燥 24 小时后，沙子和黏土有什么不同之处？

实验中将会发生什么？

科学家和历史学家们也无法确定人们是从什么时候开始使用黏土来制作物品的，但是中东和中国的考古遗址都证实这已经延续了至少 9 000 年。沙子颗粒是粗糙的，黏土颗粒与其不同，它非常细致。黏土变湿，就能被塑造成各种形状，并且永不变形。相比之下，沙子就很难塑造成形，即使将其加湿也很难做到。干的黏土坚硬如石。这也就是说，除非黏土遇湿，它做的雕塑或碗才有可能改变形状。而干的沙子就是一盘散沙，颗粒分明。

沉渣是岩石风化和侵蚀的结果。河水和溪流卷起沉渣顺流而下带到别处。在非活水地，像水池或湖，流动的水没有带走沉渣的能力，结果导致沉渣在湖底堆积。大颗的沉重沙砾沉淀得较快，而黏土需在水中悬浮更长一段时间。这个过程天然地将沉渣根据颗粒大小进行了分类，经常造成池或湖的底部产生一层纯黏土。时光飞逝，沧海桑田，池或湖积满了沉渣，开始干涸，最后只剩下一片黏土堆积物。人们发现之后将黏土挖出，用来做陶器、塑像，甚至建筑材料，如砖块和瓷砖。

实验结果

1. 黏土呈粉状，手感较光滑，而沙子则较粗糙，颗粒也较大。

2. 黏土滑而黏，沙子潮而硬。

3. 手握湿黏土，很容易在手中形成一个紧密的球；而手握湿沙子，它只出现轻微的聚团现象。

4. 两种沉渣一起放入瓶中注水摇晃后，它们融合在一起。但是，将瓶子静止于桌面后，沙子很快沉入瓶子底部，黏土仍然悬浮于水中。15 分钟过后，沙子和黏土层次分明地沉于瓶子底部，黏土在上，沙子在下。

5. 干燥 24 小时后，黏土球变硬，而沙子球则重新成为一盘散沙。

现代的制陶技术

陶器不仅仅是一种流行的艺术形式，同时还是一项巨大的产业。“陶器”一词来源于古希腊词语 keramos，意为“黏土”。陶制品极为广泛——从简单的花盆到精美的瓷器。陶制品除了外表美观，许多陶制品，比如茶杯、盘子、瓷砖等都具有实用功能。

如今很多陶瓷生产者所用的技术都可以追溯到很久以前。最重要的发明创造可能算得上是用火烧制黏土制品。烧制过程中，黏土变硬并且在高温作用下发生化学反应。黏土烧制可能只是一个意外发现。而更加意外的是，人们发现将黏土制品放到火里烧，器皿会变得更加坚硬、更具防水性。早期的陶工把他们做的物品放到火里烧制。在大约公元前 6000 年时，人们发现了一个更好的方法，那就是将黏土制品放到烤炉里烘烤。这一想法导致了第一个窑的产生。

还有一个发现使得陶瓷更加持久耐用，这就是上釉。釉是黏土制品在高温加热过程中在其表层形成的一种玻璃。

窑是制陶时烘烤黏土的大烤炉。加热使黏土硬化并发生化学变化，使制造出来的陶器更加坚固耐用。

釉是由很多种材料制成的。它们在加热后融合在一起。上了釉的陶瓷表面光鲜亮丽。另外，釉还使陶瓷具有防水性。有了这一性能，杯子、碗、水壶等日常用品使用起来就更方便了。

最后一个使陶器制造发生革命性改变的是陶艺家们发明的轮子。这项发明大约发生在公元前 4000 年。第一批轮子是由木头制作的简单的转盘，沿着轴线按水平方向旋转。陶艺家们在轮子旋转时，把一只手或工具置于黏土上进行塑形。旋转使塑造出来的物品更加匀称。另外，陶艺家们可以在黏土上部打一个孔，将手伸进其中，把黏土向上托，制作出外壁很薄的容器。

充分利用金属

当今，在博物馆中我们能见到的众多史前古器物中，最壮观的应该是金属制品。用金、银、铜等打造的物品不可能和石雕或陶瓷一样精致。大约 1 万年前，铜最先被用于制作艺术品。

人们可以在溪流的岸边上发现纯的铜、银和金等金属块。这种形态的金属叫作自然元素。还有其他金属，包括铁、锌、铝、锡在内的金属常常和别的矿物一起混合在岩石中。这种岩石就叫作矿石。金属在被利用前需要经过一道工序将其与岩石分开，即熔炼。

这块烧红的铁在铁砧的敲打下被塑出形状。金属加热更容易塑形。

早期的人们意外地发现，金属能够像石头一样用来制造艺术品或其他用途的物品。他们使用与用石头制作工具和武器相同的技术来加工那些收集到的颜色不同寻常的有光泽的岩石。然而，对自然金属的加热、凿刻、磨削产生了截然不同的效果。与一般的岩石不同，大多数金属都具有可锻性。在“实验 4 检验金属的受力程度”中，你会发现金属的哪些非同寻常的特性使其成为制造一件件复杂艺术品的理想材料。

实验4　检验金属的受力程度

题目

当受到不同的压力时，不同的金属反应有什么不同？

简介

金属独特的化学和物理性质使它们具有实用性。所有的金属都是电和热的良导体。大部分金属的熔点相对较低，因此很容易与其他固体物质区分开。刚刚切割或打磨过的金属面会有一层亮光，也就是所说的金属光泽。可锻性是金属最重要的特性之一。这就意味着金属在受压后可以弯曲或变形。在这个实验中，你将比较金属和木头在受压后各自的反应有什么不同。

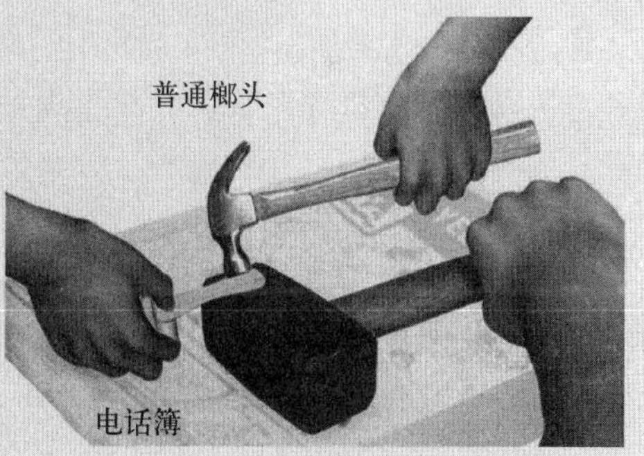

成人需用手握住长柄大锤

实验时间

60 分钟

实验材料

- 常规锤子
- 长柄大锤
- 坚硬的桌子
- 电话簿
- 3 根粗钢丝，每根长约 15 厘米（可以从金属挂衣架上剪下）
- 3 根木质冰棒棍或压舌板
- 1 小张 120 目的上等砂纸
- 一副厚作业手套
- 护目镜
- 成人助手

安全提示

在此实验中，你会用到锤子击打不同的物品。此时，你和任何在场人员必须戴好护目镜。当用锤子击打金属时，你应该戴好手套，小心不要伤到手指。建议在成年人的看护下进行此项实验。

实验步骤

1. 仔细观察金属线和木质棍。对比两种材料的质地和硬度。记录下观察结果。

2. 戴上手套和护目镜。两手拿着木棍的两端，然后慢慢地将木棍两端弯曲对折直至两端接触到一起。观察发生了什么。然后拿起金属线，重复以上步骤。记录下结果。

3. 将电话簿放置于坚固的桌子上。将长柄大锤的头放于电话簿的顶端，如图 1。在此过程中，长柄大锤主要作为铁砧，用来承托金属材料。让一个成年人固定住大锤的一端，保证其不移动。另外拿出一根木棍，一端握在手里，另一端放在大锤上。

4. 用小锤敲击大锤上的木棍。观察发生了什么。然后拿起金属线，重复如上步骤。记录下观察结果。

5. 拿出第 3 根木棍，一只手紧握住木棍一端，然后用砂纸来回地摩擦另一端，观察木棍表面发生了什么变化。对金属线重复如上步骤。记录下观察结果。

分 析

1. 将木棍慢慢弯曲直至两端接触，木棍有何变化？和金属线相比，二者有什么不同？

2. 锤子敲击木棍的一端，木棍有什么变化？和金属线相比，二者有什么不同？

3. 用砂纸摩擦木棍的一端，木棍有什么变化？和金属线相比，二者有什么不同？

实验中将会发生什么？

石头或木棍受力时往往会发生分裂或破碎现象。尽管这些材料坚硬，但它们也很易碎。多数金属材料却很柔软。受力后，它们往往发生弯曲。很多金属还具有可锻性。它们能被锻造成一张薄钢板。这些独特的性能使得很多金属如金或银能被塑造出复杂而精致的造型。金属的表面打磨过后会很有光泽。这就是金或银能用来做首饰的原因。

实验结果

1. 木棍折断，金属线弯曲。
2. 木棍一端受到击打后裂开，金属线受到击打后变得扁平。
3. 木棍表面经磨砂后变得光滑，金属线表面则出现光泽。

现代冶金术

金属不仅有艺术和装饰的功能，由于它们独特的性能，人们发现用金属（比如铜）可以制作工具或武器。随着时间的推移，人们发明了很多技术来完善金属制品的质量和性能。热处理是改造金属物品性能的第一个发明，是指在用锤子敲打金属之前将其加热的过程。热处理有助于减轻金属的内应力，帮助其在锻造过程中减少断裂的可能性。很快，加热金属的想法引发了熔炼的产生。如前所述，大多数金属并不常以天然元素的形式出现。相反，它们往往储藏在矿石，和其他矿物一起融合在岩石里。因此在使用金属前，必须进行矿石开采。大约6000年前从矿石中熔炼出了第一批铜。双室窑的发明使熔炼成为可能。这种特制的烤炉给陶器工匠提供了条件，使得陶器能够在更高的温度下加热，创造出更好的釉。后来，陶器师们意外地将一些含有铜的岩石与陶罐一起放到了窑里，结果就产生了第一块纯铜片。

将金属加热到更高的温度也给人们带来了合金。合金是两种或两种以上的金属或一种金属与另一种物质在熔融（熔化）之后形成的。合金使人们能够创造出新的不同性质的金属来满足不同的需求。最早的合金之一就是青铜、铜和锡的合金。青铜比纯铜更硬、更锋利，因此它很适合做刀和剑。现在人们常用的金属大部分都为合金。例如，金戒指不是纯金，大多是金和银或铝的合金。这使戒指更加坚硬，不易弯曲。另一种最重要的合金之一是钢，钢是铁和碳的合金。正如我们接下来要发现的一样，没有了钢的发明，任何现代化的建筑都是不可能的。

对素描和绘画进行着色

目前就艺术的起源争论的焦点集中在雕塑、陶器和珠宝制作中的选材及技艺。艺术的形式不仅仅只是三维物品。人类在石头上素描和绘画的首例证据产生于2万多年前。

最早的绘画尝试使用木炭，即火烧过的木棍进行创作。另外，人们用水混合泥土或灰尘来书写。

一些早期最著名的绘画可能产生在拉斯科、法国、阿尔塔米拉、西班牙的洞

早期的石头和洞穴证明了人们用天然的颜料来创作艺术品已有几个世纪的历史。这幅牛的壁画发现于西班牙的阿尔塔米拉山洞。

穴中。就是在这些地方，科学家们发现了绘画技巧纯熟的马、野牛、鹿及其他捕猎动物。更让人兴奋的是，艺术家用天然颜料或其他染色材料对图画进行了着色。在“实验 5 制造颜料”中，你将用厨房中所能利用的一些基本原料制作出自己的颜料。

实验5　制造颜料

题　目

过去的人们是如何用天然材料进行简单的绘画创作的?

简　介

颜料用来涂在物体表面来改变它本身的颜色和设计。在极有天分的艺术家手下,颜料创造出了一幅幅巨作;在房屋主人的手下,颜料则改变了屋子的颜色。除了具有装饰价值,颜料还能保护物品表面不受天气破坏。钢桥涂上颜料防止腐蚀,木桥涂上颜料防止腐烂。颜料在使用时是一种液体,一旦暴露于空气中就开始变干,在物体表面形成凝固的一层。大约2万年以前,人们第一次使用颜料,那时的古代艺术家用天然颜料创作出了各种各样描绘打猎场景的洞穴壁画。在本实验中,你将会用一些水果汁做颜料,然后得到一个简单的颜料配方。

实验时间

60分钟

实验材料

- 一杯(250 毫升)新鲜或冷冻(已解冻)的熟蓝莓
- 1/4 磅黄油,室温
- 1 个鸡蛋
- 一个小搅拌钵
- 滤茶器或开槽大勺子
- 金属叉
- 金属茶匙
- 3 个一次性塑料杯
- 水
- 一支小画笔
- 3 张白证券纸或复印纸
- 纸巾

安全提示

本实验无需特殊安全防范措施。请仔细阅读并遵守本书“实验前必读”中的“安全准则”。

实验步骤

1. 将蓝莓放在搅拌钵里用勺子尽可能捣碎,包括蓝莓皮,直到蓝莓呈厚厚的黏膏状。

2. 将过滤器放在一个塑料杯上。把捣碎蓝莓的 1/3 倒在过滤器上。用勺子挤压蓝莓,将其汁液全部过滤到杯子里(图 1)。蓝莓皮不能挤出过滤器。清空过滤器,重复如上步骤,滤出 3 杯蓝莓汁。完成后,清洗过滤器和碗,以防蓝莓将其着色。

3. 在第一杯蓝莓汁里加入黄油。用勺子将其搅拌直至搅拌物呈黏稠状。

完成后，清洗勺子。然后用勺子轻轻打开鸡蛋，小心地将蛋清流入第二个杯子，尽量不要让蛋黄流进去。用勺子将蛋清和蓝莓汁搅匀。第三杯蓝莓汁中不要加入任何东西。

4. 将杯子上分别贴上标签“蓝莓汁”“带黄油的蓝莓汁”“带蛋清的蓝莓汁”。用画笔轻蘸只有蓝莓汁的杯子，在“蓝莓汁”的标签纸上画一个大点。用湿巾将画笔擦干净，分别蘸取其他两杯汁液在其标签上重复如上步骤。画笔用完后尽快用温肥皂水清洗干净。

5. 将标签纸风干 45 分钟。观察 3 个画点。

分　析

1. 把蓝莓经过滤器挤出蓝莓汁时，其呈现什么颜色？
2. 和纯蓝莓汁相比，混合了黄油和蛋清的蓝莓汁有什么不同？
3. 观察纸上的画点，哪个产生的画点颜色最深？
4. 45 分钟过后，3 个画点又有什么不同？

实验中将会发生什么？

如果你曾经将葡萄汁或番茄酱洒到衬衫上，你就会知道很多天然材料里都含有色素，这些色素会给衣服染上颜色。色素和水混合会降低染色度，因为这样褪色更快。为了提高染色质量，色素必须和另外一种液体混合起到黏合剂的作用。风干后颜料完好，而颜色也更加绚丽。

第一幅绘画作品用的是矿物颜料，如氧化铁(锈)，是从磨成粉末的岩石或土地里得到的。那时，人们把颜料和其他物质混合在一起，如动物脂肪、植物和鱼身上的天然胶水，甚至是血液。大约在公元前 4000 年前，埃及艺术家发现槐蓝属植物可以提炼出大量的色素，与蛋清混合，颜料染出的颜色鲜艳而持久。后来，人们终于发现一些比蛋清效果更好的油类，它们可以当作上好的黏合剂。油漆非常有效，但在干燥之前会发散出一种臭味，有时候会持续好几天。用油漆画画的方法一直在沿用着，但已大范围地被乳胶漆取代。乳胶漆于 1949 年首度亮相，它的染色效果一点也不亚于油漆，另外它还拥有着一些油漆所没有的优点：仅仅几个小时就可以风干；肥皂和水即可将其清洗干净；相比油漆，它的气味更小。

实验结果

1. 蓝莓汁略带紫色。

2. 混合了黄油的蓝莓汁比混合了蛋清的蓝莓汁浓稠。而纯蓝莓汁最稀薄。

3. 混合了黄油的蓝莓汁着色最深。

4. 45 分钟后，纸上的纯蓝莓汁痕迹消失。混合了黄油的蓝莓汁颜色呈深紫色，且仍潮湿。混合了蛋清的蓝莓汁比纯蓝莓汁颜色更深，但比黄油的蓝莓汁颜色浅些。

墙壁、帆布和纸

艺术家们更精通于创造和使用颜料，他们开始尝试在不同的物体表面上绘画，如木头和风干的动物皮上。油画的一个主要用途就是装点陶器。埃及古墓和克里特岛发现了许多距今已有 5 000 多年的绘画都是很好的证明。在同一时期，我们发现了第一幅壁画。“壁画”一词来源于意大利语，意为“新鲜”。这是一种直接画在未干的石膏或石灰上的绘画。壁画可发现于古建筑和古墓的墙壁上。它们保存完好，多半是因为采用了这种绘画方式。随着石灰逐渐风干，壁画成为墙壁的一部分。在欧洲，壁画在 14 世纪末 15 世纪初的文艺复兴时期达到鼎盛。达·芬奇、拉斐尔、米开朗琪罗等画家都在那一时期创造了他们的巅峰之作。米开朗琪罗在罗马的西斯廷教堂的天花板上创造了令人叹为观止的作品。他历时 4 年完成该作，如今的游客们都被其精细的绘画和绚丽的颜色所震惊。

文艺复兴时期的艺术家不仅仅在墙壁和天花板上作画，他们还用油漆在画布上绘画肖像和风景画。画布是一种编织紧密的厚布，起初用于做帐篷、帆和包裹。在用帆布之前，画家们用铺在木板上的亚麻布上作画。由于亚麻布编织纹理较粗，颜料很容易被吸收或顺缝隙流走。而帆布则细密、坚硬，颜色不会被吸收也不易流失。现代的很多艺术家仍然沿用帆布，但是他们在作画前都会先在纸上做好大体构思。早期的艺术家却不能，因为后来较晚的时候才发明了纸。第一幅纸质作品产生于公元前 3000 年的印度，那时人们刚刚学会用纸莎草和芦苇做画纸。真正的纸在此之后很久发明于中国。在“实验 6 制造纸张”中，你将尝试做纸，并且发现 2000 多年前中国的造纸术发明家蔡伦如何进行造纸的。

实验 6　制造纸张

题　目

纸是如何制成的?

简　介

中国是现代纸的起源地。在纸尚未发明之前,古代中国人在竹子或丝绸做的卷轴上写字。而这两种材料操作起来比较困难,人们逐渐尝试其他材料。公元 105 年时中国官吏蔡伦想出了一个妙招。首先,把碾碎的树皮皱、老麻渔网和切碎的竹子用水在盆里混合。他把这些捣碎成厚厚的糨糊状,在平台上铺开。风干后,从平台上把它揭下来,铺成薄薄的一层,能用于写字、画画、绘图等。在这次实验中,你将复制蔡伦造纸的过程,并发现纸到底是怎么做成的。

实验时间

此实验第一天需用 1 小时,24 小时后,你需要另外花费 5 分钟检查实验结果。

实验材料

- 一卷纸巾（最好是纯白色）
- 大的搅拌钵
- 量杯
- 水
- 2 块窗纱，15 厘米×30 厘米
- 打蛋机或搅拌机
- 小的搅拌钵
- 擀面杖
- 放大镜
- 桌子或任何工作台面
- 旧毛巾或大块破布
- 成人助手

安全提示

本实验无须特殊安全防范措施。请仔细阅读并遵守本书“实验前必读”中的“安全准则”。

实验步骤

1. 从纸卷上撕下一张纸，用放大镜仔细观察。将纸一分为二，观察被撕坏的一边。将纸撕成一块块的小碎片，并放入搅拌钵中。另外，从纸卷上撕下两张纸，同样过程之后放入搅拌钵中。

2. 将两杯大概 500 毫升的水倒入搅拌钵中，用手将纸和水充分搅和在一起。将其放置 10 分钟使纸充分地浸透到水里。然后再用打蛋机或搅拌机将其搅拌 1 分钟。用手拿起搅拌物仔细观察，看其与步骤 1 所观察到的现象有什么不同。

3. 将毛巾或布平铺在桌上或其他平整的平面上。将窗纱放入搅拌钵里，使纸水混合液能够透过窗纱。抻直窗纱两端，将其水平置于搅拌钵口上方，保证任何透过窗纱的水能流到搅拌钵里。让助手帮忙将湿的纸混合物铺平在窗纱上。确保窗纱上的混合物均匀地铺好。如果需要，可以让助手再从钵里拿一些补平。保持 1 分钟让水流进钵里。然后将窗纱平铺到毛巾或布上。

4. 把第二块纱窗直接铺到第一张纱窗上，将纸混合物夹在两张纱窗之间。用擀面杖在两张纱窗的顶端压紧，慢慢地向前转动擀面杖，将混合物里的水分挤出。来回挤压几次直到挤出大部分的水。用手指在上一层纱窗上轻拍几下，使其和下面的纸分离。将上一层纱窗拿下，然后将下面的纸混合物风干 30 分钟。

5. 纸干后，拿起窗纱的一边将其在桌子上翻转过来。拍打窗纱使纸张脱落下来。让纸风干一夜。第二天，将其拿起仔细观察，并与从纸卷上刚撕下的纸进行对比。

分析

1. 放大镜下，纸撕碎的一边有何变化？
2. 纸浸泡水里 10 分钟后有何变化？
3. 用打蛋机搅拌之后的纸水混合物摸起来感觉如何？

4. 窗纱上晾干之后的纸和刚从纸卷上撕下的纸对比有什么不同？

实验中将会发生什么？

如今，有各种各样不同级别的纸，其中有高级书写纸、复印纸、报纸、建筑用纸、牛皮纸、吸水纸和厕纸。每一种纸都有自己的特点，但所有纸的制作步骤基本都一样。几乎所有纸都是由木质素纤维制成的。纤维素是一种组成植物细胞壁的天然聚合物。撕下一块纸，用放大镜观察撕边，你会看清这些纤维。它们看起来像细小的头发。

制作纸的第一步是将这些木质素纤维破坏撕开，将植物体撕碎或研磨并用水混合，这样就得到了浓稠的悬浮液——纸浆。然后将纸浆铺平在纱布上，用力将其压平，将里面的水挤出。在这一步骤中，纤维被挤压形成一张单独的薄片。剩余的水蒸发后，纸就可以拿出使用了。

制造商混合不同的纤维制作出不同类型的纸。有时，他们会用纤维线，甚至合成材料。除了添加各种不同的纤维之外，制造商还会添加不同的材料来迎合不同的需求，如黏土、漂白剂、颜料等。

实验结果

1. 撕破的纸的一边参差不齐地布满了小纤维。
2. 撕碎的纸浸水以后开始分解。
3. 水和纸混合后的物质呈糨糊状，感觉松软。
4. 可能每个人做出来的纸的厚度不一，但是从窗纱上取下的纸都比纸卷上的纸厚，且表面坑洼不平。

毛笔和铅笔

在结束科学与艺术的起源这一部分前，让我们再回顾一下艺术家们用来绘画和素描的工具。这当中最重要的一项发明就是毛笔。毛笔的制作过程很简单，只需要收集一些纤维，把它们绑在一起，然后加一个把手。和埃及的墓地绘画一样，阿尔塔米拉、西班牙等很多地方早期的山洞绘画都是用毛刷完成的。发明毛笔之前，艺术家们用手蘸彩色的染料，或者会把一些硬的染料物碾碎，然后用中空的骨头或木头把它们吹到表面很黏的作画材料上。正如你所料，这些方法无法细致地描绘作品。通过毛笔笔头形状大小的改变，不论是浓厚宽大的一笔还是轻挑慢勾的一描，它都可以做到。这就使画笔有了形形色色不同的手法。

首先，艺术家们可能会用植物纤维做毛笔。后来没过多久人们就发现了比植物纤维更好的制作毛笔的材料，那就是动物的毛发。人们用得最多的一种就是猪鬃。猪鬃是制作毛笔的理想材料，它的底端厚而宽，末梢的地方又分叉成细小的毛丝。猪鬃很硬，这也就使得它能来回几次仍不弯曲并且可以蘸染上染料。如今的画笔都是由合成纤维(比如尼龙)制作而成，但很多艺术家仍然喜欢用天然的猪鬃刷完成艺术创作。

与毛笔不同，铅笔发明的时间更晚一些。铅笔用木头或金属壳管包着一根笔芯，这根笔芯材质相对较软，叫作铅。1565 年，德国的自然主义者康拉德格斯纳第一个描述了如何制作铅笔。铅笔发明之前，艺术家们用木炭进行素描。早在史前木炭就被用来作为绘图工具，并且时至今日艺术家也仍然在使用。然而，木炭容易抹脏，这也就使得它很难创作出一幅干净、线条清晰的作品。铅笔则解决了这些问题。

一支普通的铅笔甚至并不含铅，那些黑色的材料是由石墨制成的。最初，石墨被认为是一种铅，这也就是为什么铅笔芯都被叫作铅的原因。用铅笔在作画材料表面画画时，会落下一些极其细小的石墨碎末。铅笔的铅是石墨混合黏土所成。黏土越多，铅笔芯也就越硬。

光　与　色

不论是大理石雕像、精美的油画或简单的黑白素描，光的照射角度都是至关重要的。光不仅控制着明暗对比度及物体的清晰度，还对颜色有着重要的影响。在我们真正了解艺术家们利用光的技巧之前，首先必须了解光的一些物理性质。

光和阴影

光是一种能源。能源提供能量使物体运动或改变。为了使你能看见东西，光能必须从物体上反射到你的眼球，然后刺激眼球后方的视网膜细胞。在那里，能源经由视神经传送到大脑，形成物体的形状。在眼睛和物体之间的空间里，光会发生很多变化，所有的这些改变将决定你看到物体的方式。在“实验 7 制造阴影”中，你将会发现通过阻塞光源所产生的不同寻常的视觉效果。

实验7　制造阴影

题　目

影子如何产生并发生改变？

简　介

当光离开了光源，如太阳、遥远的星星或者甚至是一个电灯泡，它会沿一系列直线发射出来，所运行的轨道就叫作光线。当大量光线沿着一个轨迹发射过来，就叫作光束。你拿着打开的手电筒在黑屋子里来回晃动，这些轨迹就是光束。光束会按照手电筒所指的方向传播。当光束遇到物体，单条光线的轨迹就会发生改变。在这个实验中，你会发现当光束部分地受到阻碍会发生什么变化。

实验时间

30分钟

实验材料

- 手电筒
- 一张白色复写纸

- 遮蔽胶带
- 可保持黑暗的房间里靠墙的桌子或台面
- 厚书
- 黏土制成的小球
- 米尺

安全提示

本实验无须特殊安全防范措施。请仔细阅读并遵守本书“实验前必读”中的“安全准则”。

实验步骤

1. 用胶带把纸粘在桌子或柜台正上方的墙上。这张纸当作一个屏障。不要让光透进屋里，屋子里越黑越好。打开手电筒放在厚书上。将书置于桌子上，使光与墙的距离在 60 厘米左右。光要直射在白纸上，你会在纸上看到一个白点。轻轻将书向纸的方向推近，观察白点。然后再轻轻地将书移回到桌子的边缘。移动手电筒时，观察白点，并这样来回重复几次。

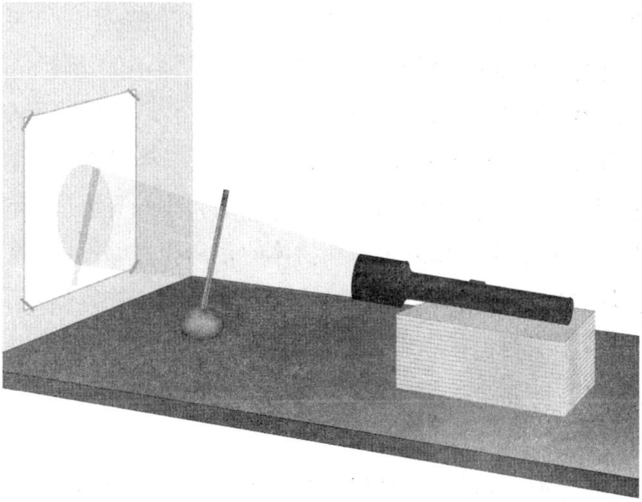

2. 将书和手电筒归回原位离纸60厘米的地方。将笔尖插入黏土块里，使铅笔自己站立。将铅笔置于光束和纸之间离墙30厘米的地方。观察白纸上的影像。

3. 慢慢地将铅笔向墙的方向移动至离墙15厘米。观察白纸上的影像有何变化。然后慢慢地将铅笔向手电筒一方移动，直到离手电筒45厘米的地方。观察白纸上的影像有何变化。

4. 将铅笔和手电筒分别置于离墙15厘米、60厘米的地方。打开手电筒，然后慢慢地将手电筒往墙的方向移动，直至其到达铅笔的正后方。观察移动过程中白纸上影像的变化。

分　析

1. 在你往前或往后移动手电筒时，纸上的白点有何变化？
2. 当将铅笔放置于手电筒前时，你在白纸上观察到了什么？
3. 当你将铅笔向前和向后移动时，铅笔产生的影子有何变化？
4. 当手电筒移向铅笔时，铅笔产生的影子有何变化？

实验中将会发生什么？

由于构成光束的光线并不严格地彼此平行，因此光束在从光源处发射出来时就开始发散。当物体置于光束前，物体会阻挡光线的路径，就产生了影子。影子一般有两个部分：里面较黑的部分叫作本影，外围不太清晰的部分叫半影。本影比较黑，因为物体阻挡了其后方所有的光线。半影的形成则是因为其后方的光线只有一部分被阻挡，而另外一部分则穿过来填补了空白。影子的大小和清晰度由几个因素决定，包括物体的大小、光源的大小和亮度。其他因素包括物体和影子投射表面的距离。如果光源和物体的距离很远，并且光源大而亮（比如太阳），那么物体投射出来的影子就相对清晰。这是因为物体挡住了投射在其身上的大部分光线，影子只包括本影。如果大而亮的光源距离物体很近，影子则模糊不清，因为投射在物体上的很多光线发生了弯曲，填补了后面的空白。这就是半影形成的原因。

艺术家和建筑师在进行设计时都会考虑到光的影子的影响。雕刻家常常会在作品中通过直线和曲线来表现明暗，突出重点。建筑师进行设计时会考虑每天和每个季节太阳的位置。他们通过设置一定角度的悬壁或屋檐，来使太阳的光线能照射到建筑的一部分并挡住其余部分。这在被动式太阳能建筑中尤为重要，因为它必须依靠太阳光进行冷热调解。

实验结果

1. 随着手电筒向白纸方向移动，白点变得小而亮。

2. 铅笔移到手电筒前方时，铅笔在其后方投影到白纸上。

3. 铅笔离光源更近一点时，影子变得相对较大且模糊。而离墙更近一点时，影子则变得相对较小且棱角清晰。

4. 光源离铅笔近一点时，影子变大且模糊。

光如何产生颜色？

不论是艺术作品、房屋或其他相关物，它们最重要的部分之一就是颜色，有时候甚至是极细微的一点颜色差异都会产生迥然不同的效果。尽管表面上看起来这是物体身上的颜色在起作用，实质上，我们所看到的颜色是由照射到物体上的光产生的。例如，你拿起一个苹果，在阳光下苹果看起来色泽鲜红，而在昏暗的屋子里，苹果则黯然失色。同一个苹果，如果你照上一些蓝光，苹果则呈黑色。要明白如何产生颜色，我们首先需要了解光是如何照射的。

正如在本章开始时讲到的，光是一种能量。它是一种电磁辐射，以一系列脉冲的形式穿梭。这些脉冲叫作电磁波，它们在电子震动时由光产生。电磁辐射有很多种形式。我们所看见的光叫作可见光。可见光包含无线电波、微波、红外线、紫外线、X 光线和伽马射线。各种辐射的频率和波长各不相同。频率即每秒钟波震动的次数。波长指一个波和下一个波之间的距离。

总体来讲，这些不同类型的电磁辐射形成了一个极其广泛的能量体，叫作电磁谱。

在电磁谱中，无线电波波线最长，频率最低。电磁谱的末端是伽马射线，它的波线极短且频率极高。可见光的波线在中间部位。利用专业器材可以通过频率的不同将电磁波进行区分。我们在对可见光电磁谱进行区分时产生了光的不

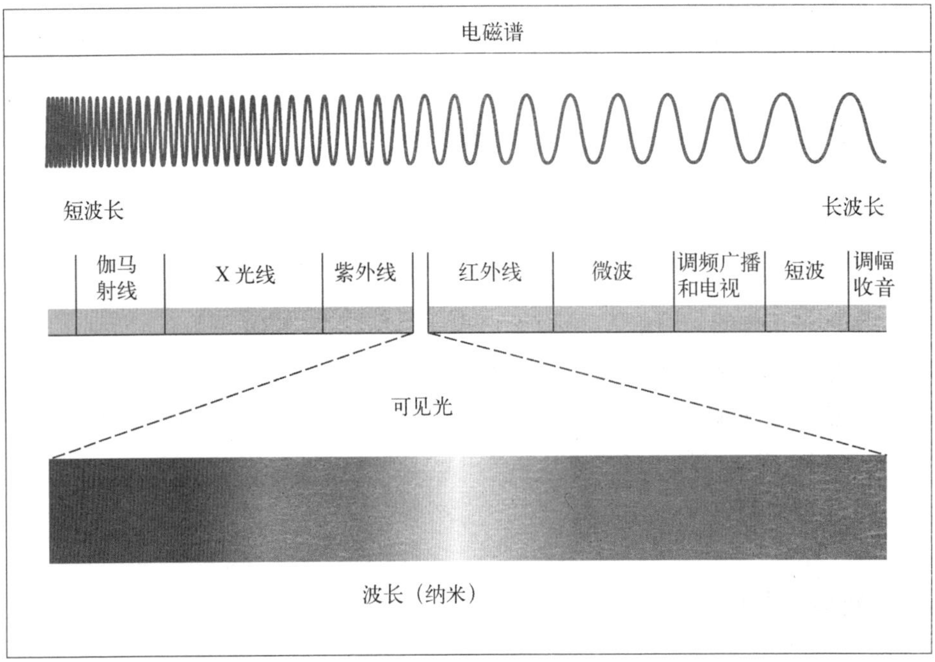

同颜色(参见书后彩页)。在“实验 8. 光的颜色分离与混合”中,你将通过分离和混合不同频率的光制造出颜色。

实验 8　光的颜色分离与混合

题　目

如何分离和混合光的颜色？

简　介

在我们肉眼看来，太阳或手电筒发出的光是白色的。然而，早在16世纪，艾萨克·牛顿就发现实际上光是由多种颜色组成的。牛顿能够用一个叫作棱镜的3面玻璃将白光的组成颜色给分散出来。而再用一个棱镜，他又实现了将单个颜色统一起来最后又呈现出白光。在本次实验中，你会利用现代器械来重演牛顿的实验。

实验时间

45分钟

实验材料

- 3个手电筒
- 3根橡皮筋
- 边长约为15厘米的红色方形玻璃纸

- 边长约为 15 厘米的绿色方形玻璃纸
- 边长约为 15 厘米的蓝色方形玻璃纸
- 一张白色复写纸
- 一张 CD
- 遮蔽胶带
- 靠墙的桌子或台面，保证其黑暗性

安全提示

本实验无须特殊安全防范措施。请仔细阅读并遵守本书“实验前必读”中的“安全准则”。

实验步骤

1. 用遮蔽胶带将白纸固定在墙上，确保其在桌子或台面正上方。纸充当屏幕的作用。屋内尽量保持黑暗。打开手电筒，照到纸上。观察手电筒产生的光点。一只手拿着手电筒，另一只手拿起 CD。打开手电筒，让 CD 将光反射回去。调试 CD 的反射角度，使其反射光照映到白纸上(图 1)。观察 CD 反射出的光的光点。

图 1

2. 用橡皮筋将红色的玻璃纸固定在手电筒透镜上。第二个手电筒上用蓝色玻璃纸固定，第三个用绿色的固定上；将红色玻璃纸手电筒打开，照在纸上，观察光点。然后根据步骤 1，照亮红色玻璃纸手电筒在 CD 上，观察白纸上反射出的光。按此步骤，依次重复实验蓝色和绿色手电筒，并观察结果。

3. 打开红色玻璃纸手电筒，放置于桌子上，使其光照射到白纸上。同样的照亮蓝色玻璃纸手电筒，使两只手电筒的光在白纸上重合。观察两者产生的光点。对红绿色玻璃纸手电筒和绿蓝色玻璃纸手电筒分别重复如上步骤。

4. 将 3 个手电筒全部平放在桌子上并打开，使其光点最后在白纸上重合。观察光点的颜色。

分　析

1. 没有玻璃纸的手电筒在墙上的白纸上产生的光点是什么颜色？而经 CD 折射之后的光点又发生了什么变化？

2. 和经 CD 折射之后产生的光相比，蒙上红色、蓝色和绿色玻璃纸的手电筒的光是如何产生的？

3. 红蓝色玻璃纸手电筒在白纸上交合产生的光是什么颜色？那蓝绿色呢？三者全部交合在一起光点又是什么颜色？

实验中将会发生什么？

伟大的科学家艾萨克·牛顿用棱镜和太阳光所做的著名的实验证明了白色光确实是由 7 种颜色组成：赤橙黄绿青蓝紫。现在，很多科学家认为可见光实际上只有 6 种颜色，其中没有了蓝色。不同颜色的光波长和频率都不相同。棱镜可以将光的颜色分散开来，这个过程叫作折射。白色光束经过棱镜时，每种颜色的光都会发生不同程度的折射和弯曲。红色光线弯曲最少而紫色最多。CD 也能反射光，但它是通过衍射来实现的。将有色玻璃纸罩在手电筒的镜头上改变了光的颜色。有色玻璃纸就像一个滤纸，阻止了所有光的频率，只留下一种。红色玻璃纸的手电筒会产生红色光点，原因是只有红色光可以通过玻璃纸穿透过来，而其他所有的颜色都被阻挡住了。只有一种颜色的光叫作单色光。将红色光照射到 CD 上，只会有红色。

在实验的最后一步，你可以将不同颜色的光交合在一起产生新颜色的光。红色光和蓝色光产生略带紫色的光叫作洋红光。红色光和绿色光则产生黄色的光。蓝色光和绿色光产生的浅蓝光叫青光。红、蓝、绿 3 种光交合在一起则产生了白色光。在这里，需要指出的是将不同颜色的光交合在一起不同于将不同颜色的颜料混合在一起。如果你将红、蓝、绿 3 种颜料混合在一起，你看到的可能是深棕色甚至是黑色。

实验结果

1. 手电筒自身可以产生白色光。光线经 CD 折射后会呈现出五彩缤纷的颜色。

2. 红色玻璃纸的手电筒产生红色光。红色光线经 CD 折射后仍然呈红色。蓝色玻璃纸的手电筒产生蓝色光。蓝色光线经 CD 折射后仍然呈蓝色。绿色玻璃纸的手电筒产生绿色光。绿色光线经 CD 折射后仍然呈绿色。

3. 红色和绿色玻璃纸的手电筒一起产生紫色光。红色和蓝色手电筒发出黄色光。蓝色和绿色手电筒一起产生青色光。3 种颜色一起产生白色光。

颜料的作用

在前面的实验中，我们看到一道白色的光线可以被分散或分离成不同颜色的光谱。同样的，你也验证了白色光是如何被过滤并产生单色光的过程。这些活动还不能完全解释清楚颜料所起的作用。在前面的文章中我们提到，颜料是用来涂染颜色的材料。绘画和染料都需要颜料。任何有颜色的物体都含有天然的颜料。苹果呈红色，蓝莓呈蓝色，原因就在于它们的表皮含有天然的颜料。颜料产生颜色的过程如同过滤器的工作过程。而这一过程不是让一定频率的光通过，而是让一定频率的光从表层反射回来。在“实验 9 光对颜色的影响”中，你会发现不同种类的光和色素是如何控制着你所看见的颜色的。

实验 9　光对颜色的影响

题　目

颜料如何与不同颜色的光相互作用产生最后的颜色？

简　介

在绘画时，挑选合适的颜色进行着色只是其中一个步骤。为了获得整幅画的效果，艺术家们会花很多时间找到恰当的颜色。在本实验中，你会发现在光发生变化的情况下，你所看到的图画的颜色会发生怎样的改变。重要提示：为了实验圆满成功，此活动必须在全黑的房间中进行。

实验时间

45 分钟

实验材料

- 2 个手电筒
- 2 根橡皮筋
- 边长约为 15 厘米的红色方形玻璃纸
- 边长约为 15 厘米的绿色方形玻璃纸

- 2 张白色影印机用纸
- 红色笔
- 绿色笔
- 一盒蜡笔、有色铅笔或马克笔，至少 7 种颜色
- 可以全黑的房间（大的橱柜也可）

安全提示

本实验无须特殊安全防范措施。请仔细阅读并遵守本书“实验前必读”中的“安全准则”。

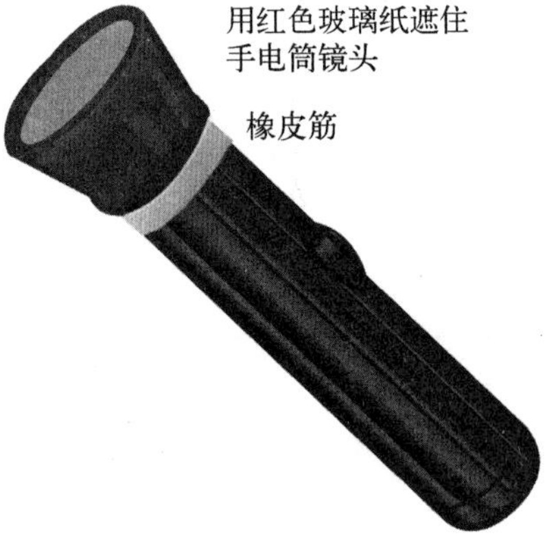

实验步骤

1. 用一根橡皮筋将红色玻璃纸固定在手电筒的镜头上。然后再将第二个手电筒镜头固定上绿色玻璃纸。

2. 在一张白纸上用绿色马克笔写上你的名字。用红色马克笔将名字涂起来。取蜡笔或有色笔用粗体在第二张白纸上写上“science”字样。每个字母一种颜色。完成后，记录下每个字母所用的颜色。

3. 将两张写了字的纸并排放在一起。屋内呈全黑状态。打开红色玻璃纸手电筒，照射在两张纸上。记录下你所看到的颜色。关闭红色手电筒，打开绿色

的一只。重复如上步骤。两只都打开，同时照在一张纸上，记录下观察结果。

分　析

1. 红色灯光下，你所看到的“science”字样发生了什么变化？绿色灯光呢？

2. 两种灯光一起照射下，“science”单词的颜色又有什么不同？

3. 红色灯光下，你的名字颜色发生了何种变化？绿色灯光下呢？红色和绿色两种灯光下呢？

实验中将会发生什么？

当白色光经过红色滤纸时，只有发出红色频率的光才可穿过。其余则被阻挡或吸收。颜料和过滤器起着相同的作用。然而，它们不是让一定颜色的光透过去，而是将一定颜色的光反射出去。苹果呈红色是因为表皮的颜色吸收了除了红色光谱之外的所有频率的光，而红色的光则被反射出去。

大多情况下，我们都是在白色光线下看物体。结果就是，我们所看见的物体的颜色被物体表面的色素所控制。除白色光以外的任何光线下，我们所看到的物体受到光线和物体表面颜色两种因素的影响。在此实验中，红绿色玻璃纸过滤了来自手电筒的光。在红光下看自己的名字，你看到的是红色的光点，而你的名字是黑色打底。这是由于手电筒发出的红色光线在名字上将红色折射并被字母上的绿色素吸收。因为没有绿色光线照射到绿色字体上，也就显示不出绿颜色。因此，它们因吸收了红颜色而显示出黑颜色。当你打开绿色灯时，你所看到的只是一大片黑色，而字母则消失不见。这是由于绿色光线照射到了红颜色上。红颜色只反射红色光。因为红颜色吸收了绿色光线，所以光点显示黑色。没有光线照射到下面的绿色字母上，所以我们看不见字母。

实验结果

1. 红色光线下，science 中每个字母都会显示出与原始颜色不同的颜色，并且在红色和绿色两种不同光线下，字母分别显示不同的颜色。

2. 在红色和绿色两重光线下，science 中字母的颜色更趋近于字母原始颜色。

3. 红色光线下，你看到名字之上是红色两点，而你的名字则显示黑色。绿色光线下，你的名字消失不见，所看到的只有一片黑点。在红色和绿色双重灯光下，你会看到红色光点下绿色的名字。

颜色变幻的衣服

你是否遇到过这种情况，在服装店里明明刚试好的衣服，怎么一走出商厦或回到家里，衣服的颜色就变化了？颜色的变化和衣服没有关系，而是由于衣服当时所处的光线发生了变化。尽管，太阳和正常的白炽灯看起来都发出白色的光，但是它们所含的颜色却不尽相同。有的光源偏蓝色一些，而有的却偏红色一些。所以，衣服上染料所含的色素反射光使衣服的颜色看起来发生了轻微的变化。

如果你参观过艺术博物馆，你会注意到很多绘画作品使用专门的光源照明。大多数情况下，这些光都含有“日光”的成分。这些灯是为了能够混合太阳光中不同频率的光线而特制的。画家们作画通常是在日光下进行。为了使作品颜色更趋近于画家作画时的原始效果，博物馆的灯光效果则必须趋近于画家们作画时的光照效果。

画家们作画时不仅仅要考虑当时的光线，他们还要考虑绘画时颜色的选择。大多数情况下，他们会用调料盘，自己调制颜色。在“实验 10 混合颜色”中，你会发现一系列简单的颜料怎样组合成丰富多彩的颜色。

实验 10　混合颜色

题　目

颜料混合在一起会发生什么？

简　介

颜料是绘画和染料时着色用的东西。绘画用品商店里有上千种不同的颜色。但是，如果你仔细观察，会发现很少有颜色是由一种颜色组成的纯色，而且大多数颜色都是在主色的基础上发生了细微的变化。所以除了纯红色外，会有很多其他的红色，如偏橘色的红、偏粉色的红，或者是偏紫色的红等等。艺术家们常常自己混合不同的颜色调出新的颜色。在本实验中，你可以通过自己混合颜料，看看能调制出多少种不同的颜色。

实验时间

60 分钟

实验材料

- 3 个中等大小的干净塑料杯
- 16 个小纸杯

- 3根医药用滴管
- 红色、蓝色和黄色食用色素
- 水
- 黑色马克笔
- 吸水纸巾
- 用于操作的桌子或台面

安全提示

本实验无须特殊安全防范措施。请仔细阅读并遵守本书“实验前必读”中的“安全准则”。

实验步骤

1. 在一个干净塑料杯中放5滴红色食用色素。将杯中装满水。然后依此步骤，在其他两个杯中分别放入蓝色和黄色食用色素并注满水。每个杯中放一根滴管。

2. 如图1所示，在16个纸杯外用黑色笔标上记号。

3. 按照图1的网格布局，将标记好的杯子摆好位置。在此网格中，R代表红色，B代表蓝色，Y代表黄色。根据标签编码，用滴管混合不同的颜色。例如，在杯子1中，滴入2滴红色水和8滴蓝色水。杯子2中，滴入4滴红色水和6滴蓝色水。16个杯子颜色全部混合完毕后，观察每个杯子的颜色。

分　析

1. 红色和蓝色水混合后产生了什么颜色？
2. 红色和黄色水混合后产生了什么颜色？
3. 黄色和蓝色水混合后产生了什么颜色？
4. 根据不同量的颜色滴入，不同的颜色又发生了什么变化？
5. 在杯子16中，混合了3种不同颜色的水产生了什么颜色？

图 1

实验中将会发生什么?

色素通过吸收或摄取可见光中的频率并反射其他频率的光而起作用。例如，红色的轿车呈红颜色，是因为车漆中的色素只反射与红色相匹配的频率的光，而吸收了所有其他频率的光。

早在16世纪，艾萨克·牛顿就发现不同颜色的光可以混合在一起产生新颜色的光。如果你混合红色光、蓝色光和绿色光，结果会产生白色光。这是因为不同颜色光的频率被叠加在一起，也就是人们所知的加色处理。颜料则恰好相反。由于每种色素都会吸收某些光的频率，大量色素混合会产生黑色或深褐色。混合颜料是一个减色的过程，因为每种色素会去除或抵消某些光的频率。

艺术家和画家利用颜料的这一减除功能混合出大量的颜色进行绘画、染色和泼墨。青（绿色的一种）、品红（略粉的红色）和黄是3种主要的颜色。利用这3种颜色，进行不同比例的调配可以制造出成千上万种颜色，其中包括黑色。

然而，有少数几种颜色则不在这3种颜色的制造之列，白色为其中之一。

实验结果

1. 红色和蓝色水混合后产生紫色。
2. 红色和黄色水混合后产生橘黄色。
3. 黄色和蓝色水混合后产生绿色。
4. 根据不同颜色比例的变化，颜色会发生稍浅或稍深色的变化。
5. 3种颜色混合在一起产生暗棕色。

颜色轮盘和补充颜色

尽管当今的艺术家有成千上万种成品色可供选择，但是他们中的很多人仍然愿意自己调配颜色。正如我们在前一个实验中所见，颜色上一点点细微的变化可能会使整个作品产生神奇的效果。在调和颜色之前，很多艺术家会在叫作色轮的盘子上做一下实验。色轮看起来像一个被分成6部分的盘子。

艺术家先在其中3个楔形里面注上3种主要颜色的变化色，这3种颜色之间分别间隔一个空格。例如，最上面一格里是天蓝，下面偏右边一个格里是夕阳红，下面偏左边的一格里就是香蕉黄。

这样每个空格旁边都是带有颜色的格子。接下来，艺术家们就会混合相邻的两种颜色，来填充两种颜色中间的空格，产生了3种调和出来的新颜色。这

色轮

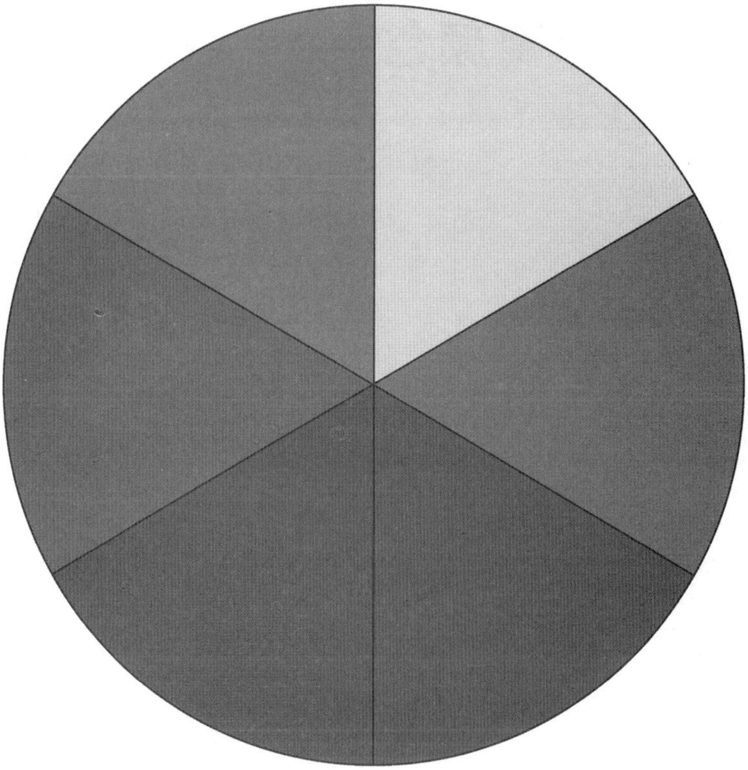

样，艺术家们就可以在原色和互补颜色之间进行权衡。互补色是与在色轮里任何一种颜色直接对应的那种颜色。例如，在前面提到的色轮上，红颜色的互补色就会是浅绿色，蓝颜色的互补色则是橘黄色。艺术家们经常用基本色混合出互补颜色，因此也就有了更多颜色的选择。

色彩分离

艺术家们可以通过混合颜色制造出新的颜色。然而，颜色混合后，它们还能被分离出来吗？事实证明，结果是肯定的。在“实验 11 分离颜色”中，你将分离几种不同的颜色，并发现主要颜色是由哪几种颜色混合而成的。

实验 11　分离颜色

题　目

如何分离颜色?

简　介

颜色用来绘画和染料着色。艺术家们常常混合不同的颜色制造出新的颜色。作品上的两种颜色,尽管肉眼看来区别不大,但是它们却是由不同的颜色混合而成的。在本次实验中,你会用到色层分析法对颜色相近的墨水进行分离。我们将发现用来制造每种墨水的不同颜色。

实验时间

60 分钟

实验材料

- 6 只一次性塑料杯
- 6 支铅笔
- 干净的白色纸巾
- 玻璃纸条

- 剪刀
- 尺子
- 水
- 3 支黑色细水性毡头马克笔，每支牌子不同
- 3 支红色细水性毡头马克笔，每支牌子不同
- 用于操作的桌子或台面

安全提示

本实验无须特殊安全防范措施。请仔细阅读并遵守本书“实验前必读”中的“安全准则”。

实验步骤

1. 用剪刀在纸巾上剪下 6 个长条，每条长 15 厘米，宽 2.5 厘米。用一支红色笔在长条下方沿边线画一个 2.5 厘米的细线。用铅笔在长条的上方写下铅笔的牌子。用其他红色马克笔和黑色马克笔重复如上步骤。完成时，你手中应该有 6 个长条，每条上都应该有一条细线和相应的笔迹。仔细观察细线并检查是否有颜色差异。

2. 将每个大塑料杯中注满 1 厘米的水。拿起一个纸条，将有画线的一端探入杯中。纸条的底端应该刚刚达到水平线，并且保证不要让画线浸入水中。将铅笔横放于杯口。将纸条的上方卷在铅笔上(图 1)。对其他 5 根长条重复如上步骤。使水杯保持 15 分钟不动。

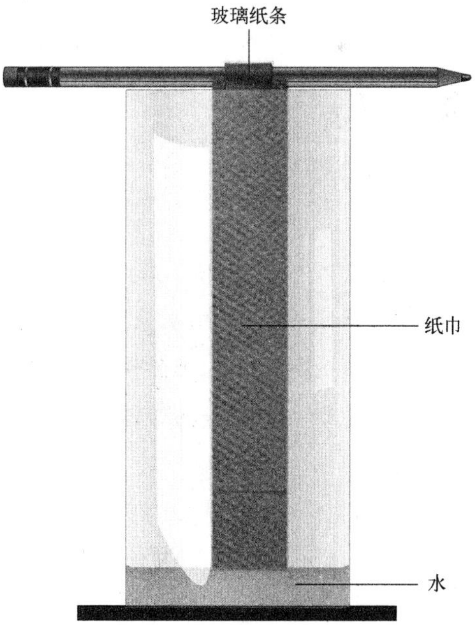

图 1

3. 用铅笔将每根纸条拿出杯子。观察纸条的颜色，并记录其发生的变化。

分 析

1. 在放入水中之前 3 个长条上的红色画线有何不同？
2. 长条放入水中后，长条上的画线发生了什么变化？
3. 浸水后，红色长条显示什么颜色？
4. 浸水后，黑色长条显示什么颜色？

实验中将会发生什么？

市场上生产的墨水、绘画颜料和染料基本上没有纯色的。在此实验中，你会用到纸上色层分析法，将 3 种不同牌子的红墨水和黑墨水里的色素分离出来。纸上色层分析法的工作原理是不同色素的密度有细微的不同。市场上的墨水是由不同的颜色混合而成的。总体来说，每种牌子的墨水会有其特有的组墨模式。红色是可见光谱中的一个主要颜色。因此，红颜色墨水中的大部分色素成分是红色，但其中也可能包括少量的橘黄色和黄色。另一方面，黑色由多种颜色混合而成。将黑颜色分离开来后，你会发现很多种颜色。两种不同牌子的黑色笔画出的痕迹可能看不出不同，但是分离后就会发现其实二者的颜色组成有很大不同。

实验结果

1. 在放入水中之前，3 条红色划痕应该是同样的颜色。
2. 纸条底端浸水后，水分沿着纸条往上，将颜色分离出来。
3. 每人得到的结果不尽相同，但是除了红色外，还应该有橘黄和黄颜色。
4. 你应该看到很多的颜色，包括红色、黄色、蓝色、紫色、橘黄色和棕色。

彩 印

颜色的混合和分离对于彩色图片和照片的印刷起到非常重要的作用。你如果用放大镜观察杂志或报纸上的彩色图片，会发现它们是由成千上万的小点组成的。从远处看，图片呈现出很多颜色，但是组成图片的小点只有 4 种颜色：品红色、青色、黄色和黑色。其余的颜色是由你的眼睛混合出来的。在印刷彩色图片之前，原始图片会被分成 3 种主要的颜色。在这一步骤中，用黄、青和品红色过滤器对原始图片进行 3 次拍照。在原始图片的基础上，每张单色底片有一个不同的颜色分布。用这 3 张底片将墨转移到用来印刷图片的金属板上。尽管很多年来人们一直将这一技术运用在打印机上，但是现代科技也能够让你在自己家中做一些类似的事情。每次当你用喷墨式打印机打印彩色图片时，都会经过同样的颜色混合过程。近距离仔细观察图片，你会发现难以计数的小点。

捕捉图像

无论是画家创作的肖像画，还是游客拍摄的著名景点的照片都捕捉到了图像。捕捉图像是艺术领域里最常见的主题之一。看到图像的前提是光线必须进入我们的眼睛。然而，光线在进入我们的眼睛之前，必须先反射一些东西才能实现。事实证明反射光线的方式不止一种。在“实验 12 漫反射与常规反射”中，我们可以认识到几种不同的反射方式，并将了解艺术家是如何认识和捕捉图像的。

实验12 漫反射与常规反射

题目

漫反射与常规反射的差异，以及它们是如何影响我们看到图像的？

简介

反射这个词有多种含义。通常情况下我们所说的看到的反射其实是指我们在镜子中看到的与自己相似的影像。此外，这个词也可以用来描述光线从一个物体上反射回来。没有光的反射，我们将看不见一切事物。通

过这个实验，你将会对比两种不同的反射方式，从而发现它们是如何影响图像显现的。

实验时间

30 分钟

实验材料

- 多个手电筒
- 平面镜
- 一卷铝片
- 桌子或柜台
- 完全黑暗的房间（柜橱也可以）

安全提示

本实验无须特别安全防范措施。请仔细阅读并遵守本书"实验前必读"中的"安全准则"。

实验步骤

1. 将平面镜置于你面前的桌子上，镜面朝上。注视镜子并观察镜子中你的图像。将房间尽可能变得黑暗，然后再次观察镜子。记录下你的观察。

2. 打开手电筒，将其置于镜子的上方。光线直射镜子，观察光线从镜中反射出来的方向。缓慢倾斜手电筒，在大约倾斜 45°时照射镜子，观察光线从镜中反射出来的方向。反方向倾斜手电筒并继续观察光线。

3. 打开室内灯光，从铝卷上截取一片铝片，确保不要使其发生褶皱。将铝片置于你面前的桌子上，低头注视铝片，观察你的影像。将其与步骤 1 中的图像进行对比。

4. 尽可能使房间变得黑暗，打开手电筒。如步骤 2 一样，用手电筒照射铝片。将光线在铝片上射入和反射的情况与其在镜中的情况进行对比。

5. 再次打开室内灯光，抓住铝片的一端，将其弄皱。再次注视铝片并观察你的影像。将其与步骤 3 中的情况进行对比。

6. 尽可能使房间变得黑暗，如步骤 4 一样，用手电筒照射弄皱的铝片。将光线在弄皱的铝片上反射的情况与其在镜子上反射的情况进行对比。

分 析

1. 室内光线由明到暗，镜中的图像是如何发生变化的？
2. 光线从镜中反射出来的角度和它射入的角度有何联系？
3. 在平滑铝片中的图像和在镜子中的图像有何区别？
4. 从平滑铝片中反射出的光线和在镜中反射出的光线有何区别？
5. 弄皱的铝片中显现的图像和在光滑的铝片中反射出的图像有何区别？
6. 从弄皱的铝片中反射出的光线和从光滑的铝片中反射出的光线有何区别？

实验中将会发生什么？

光的反射有两种不同的方式。你可以在镜中看到你的图像，这种现象叫作常规反射。这种现象只发生在光滑闪亮的表面上，例如玻璃片、闪亮的金属片、没有水浪和涟漪的水面以及平面的镜子。光线照射到光滑闪亮的表面，所有光线的角度都是一样的，因此光线毫发未损。用手电筒照射平面镜就会产生这种现象。不论入射光线的角度发生怎样的变化，反射角始终和入射角相等，但它们方向相反。

如果光线照射到粗糙的表面，例如一面砖墙或者人的脸，光线依旧是可以反射的，但是反射光线并非沿着相同的方向而是沿着不同的方向四处发散出去。这就是漫反射。当你注视砖墙时，你看到的是墙的表面而不是你的脸。

在这个实验中，你已经用镜子和铝片对这个概念进行了检测。手电筒照射到镜中时，你可以很清楚地看到反射出的光点。但若射入到平滑的铝片上时，虽依然可以看到反射出的光点但并不那么清晰。尽管铝片也很闪亮，但仍赶不上镜子那般光滑。一旦铝片发生褶皱，手电筒发出的光线仅仅是使铝片更加明亮然后就四散了，看不到任何反射出来的光点。在我们的日常生活中，漫射远比反射更常见。如果没有漫射能，我们也就看不见任何物体。

实验结果

1. 房间变黑，镜中图像消失。
2. 入射角和反射角相等，但方向相反。
3. 光滑的铝片上反射的图像不如在镜中的那么清晰。
4. 光滑的铝片上反射的光点不如在镜中的那么清晰可见。
5. 一旦铝片褶皱，图像消失。
6. 褶皱的铝片上反射的光点四散在室内的各个角落。

反射定律

通过以上实验我们了解到光线照射到镜子上就会以可预测的方式发生变化。反射角和入射角是相同的，不过方向相反。科学家称这种现象为反射定律，内容如下：在平面镜中，入射角和反射角是相等的。运用反射定律，我们可以解释那些用镜子对字体和图片做的有趣的事情。如果你站在镜子前，手举一个写有字母的牌子，随后在你的反射图像中就会出现同样的字母，也会显现你的脸或其他被反射出来的图形。不过它们是反向的，因为反射光线是以相反的方向反射出来的。

多年以来，许多艺术家已经用镜子来帮助他们创作作品，最为著名的当属莱昂纳多·达·芬奇。达·芬奇对镜子十分痴迷，经常用镜子来做实验。他的许多日志和笔记都是用“倒写体”写的——只有借助于镜子才可以读懂。达·芬奇还利用镜子来探索自然界中的对称，他也广泛地探索了绘画和雕刻中的对称性。当一个物体可以在中间划分为两个相等的部分时，可以称其为对称。在“实验13 探究对称”中，你将会利用镜子和绘画来亲自发现对称的奥秘。

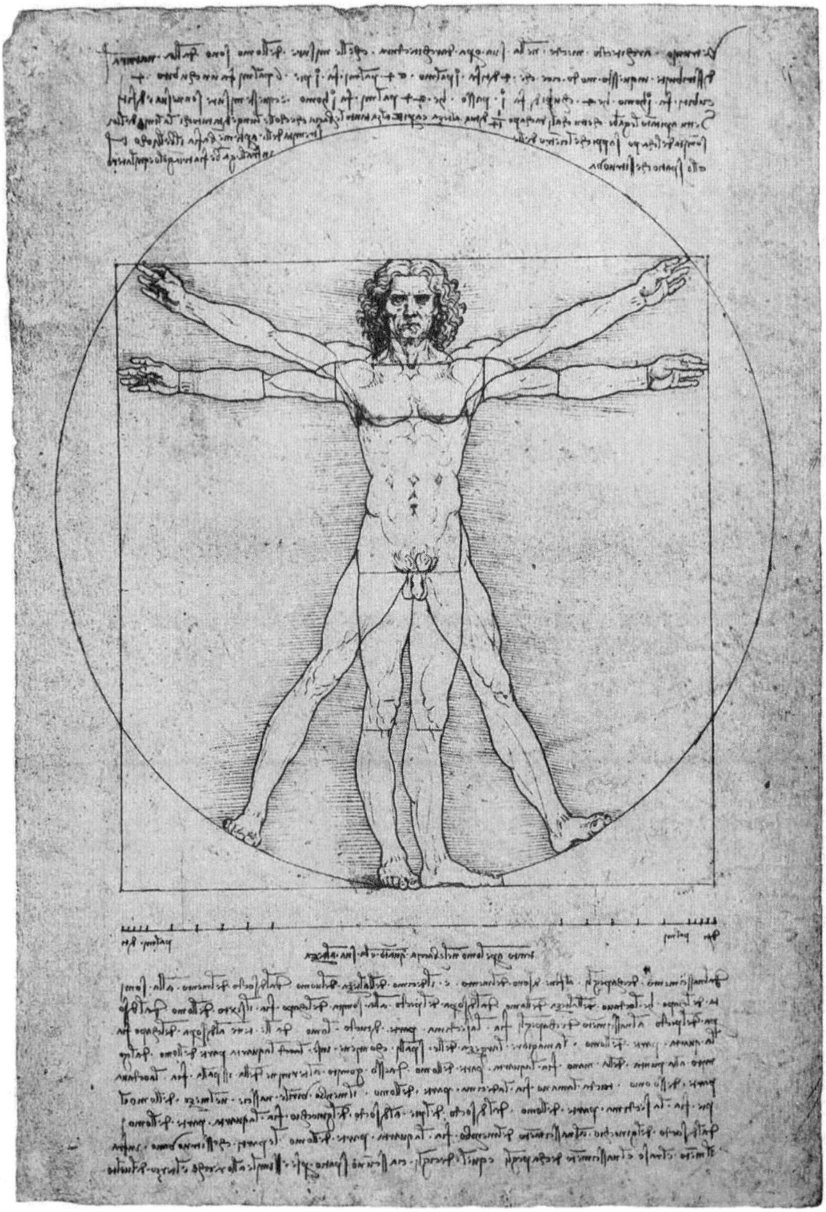

莱昂纳多·达·芬奇对对称和比例的热衷尤其体现在他的作品《维特鲁威人》中。这幅作品体现了人体结构的对称性，同时也体现了宇宙的对称性，旨在证明人和自然之间的联系。附属的文字是倒写的(借助镜子可以很轻松读懂这些文字)。

实验 13　探究对称

题　目

什么是对称？它是如何产生的？

介　绍

对称是指一个物体或图片能够被分成两个相等的部分。如果在圆的一半处切断，你将得到两个相同的半圆。分界线就叫作“对称线”。艺术作品中常用对称来平衡一幅画或一个雕塑。建筑中也常用到对称。在这个实验里，你会用镜子创造对称的图案，并在几个常见的图形设计中找出对称线。

实验时间

60 分钟

实验材料

- 一面小平面镜
- 一面大墙镜
- 尺子

- 桌子或柜台
- 铅笔
- 空白复印纸

安全提示

本实验无须特殊安全防范措施。请仔细阅读并遵守本书“实验前必读”中的“安全准则”。

实验步骤

1. 站在大的墙镜前几米远，举起右手，掌心向镜。往前倾斜，手掌触镜。然后退后，伸展双臂，掌心相对，慢慢合拢。将合拢后的双手和右手掌触镜后和影像形成的图像进行对比。

2. 在纸中间，用铅笔和直尺画出一条直线，把纸张置于你面前的桌上，面对直线。将小镜子置于直线的一端，镜子穿过直线，面朝闪亮面(图 1)。慢慢向左向右移动镜子，观察直线在镜中反射的图像，将其与纸上的直线进行比较。

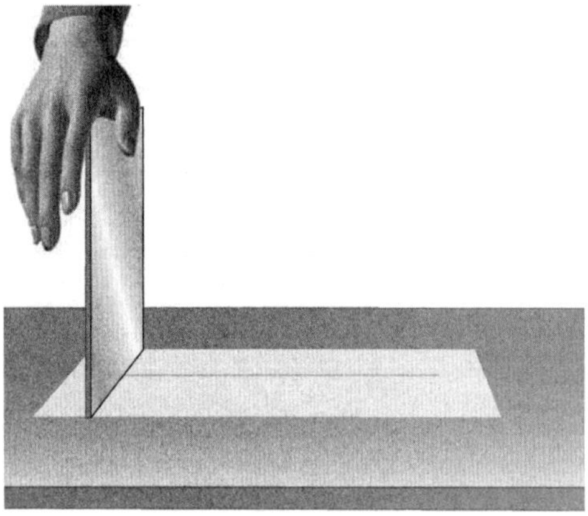

图 1

3. 看图 2。重复步骤 2，将镜子水平置于正方形的中央，这时镜子就像一个对称线。观察镜中的图像(如图 2 所示)。此种情况同样适用于三角形。现在将

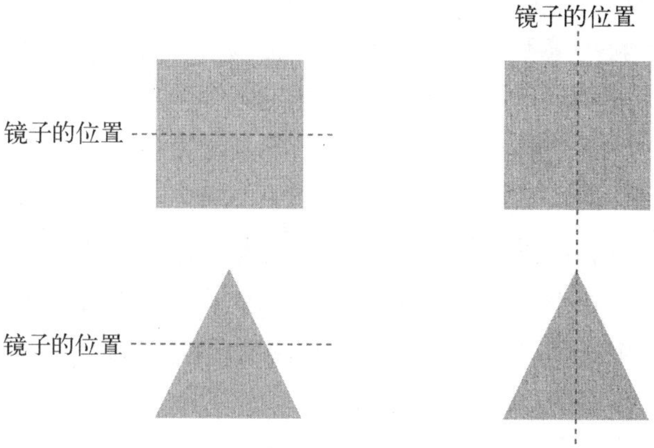

图 2

镜子垂直穿过正方形的中间，然后进行观察。对三角形也用同样的步骤。比较水平置镜和垂直置镜时，镜中正方形和三角形的图像。

4. 在纸中间用大写字母写下“APPLE”，在其下面写上“OHIO”。抓住镜子的一端，将其置于“APPLE”的上方，这样你可以在镜子中看到反射的图形。比较镜中的字母和纸上的字母。紧接着将镜子置于 APPLE 字母中的 E 旁，保证可以在镜中看到反射字母并将其与纸上的字母进行比较。对字母 OHIO 进行同样的步骤。比较一下你得到的结果。

分 析

1. 用镜子来回穿过直线，镜中的图像和纸上的直线有何区别？
2. 如果用镜子半水平或者半垂直切割正方形会得到什么结果？
3. 如果用镜子半水平或者半垂直切割三角形会得到什么结果？
4. 水平放置镜子时，镜中字母 APPLE 和 OHIO 有何区别？
5. 垂直放置镜子时，这两组字母又有何差异？

实验中将会发生什么？

在日常生活中，我们遇到的许多东西都具有对称性，比如砖块、篮球、狗，甚至人都具有左右对称性。

这就意味着这类的物体可以在对称线处划分为两个部分，并且这两个部分是相同的。在实验步骤 1 里，你已经证明了这一点。双手合并，它们完美地重合在一起。同样，你用右手和镜子相接触时也会发生类似的情况。如果垂直将你的身体从中间分开，你就会发现左右两个部分都是相同的。同样你可以在一个正方形的中间画一条水平对称线，也可以画一条垂直对称线，甚至在对角上也可以画出一条对称线。像正方形一样，三角形也有垂直的对称线，但它没有水平的对称线。将其水平切割，你将得到一个六边形。许多字母也有水平或垂直对称线。在单词 APPLE 中，E 字母就有水平对称线，而 A 有垂直对称线。因此在镜中垂直或水平看字母时，你会发现有两个字母看起来是正常的，而其余的字母都是不对称的。在单词 OHIO 中，所有的字母都是既有水平对称线也有垂直对称线。所以不论你从哪个角度看镜中的图像时，都会发现每个字母都是正常的。在英语字母中既有水平对称线也有垂直对称线的还有字母 X。

实验结果

1. 镜中直线相当于纸上直线的完全复制。

2. 用镜子等分正方形时，镜中的图形和纸上的图形可以从两个方向组成一个正方形。

3. 用镜子等分三角形时，镜中的图形和纸上的图形可以垂直方向组成一个三角形，而从水平方向则可以组成一个六边形。

4. 水平观察字母 APPLE 在镜中的图像时，除字母 E 是正常的以外，其余的都是倒置的。OHIO 在镜中的图形也是正常的。

5. 当垂直置镜观察镜中 APPLE 的图像时，除了 A 其余字母都是反向的。而 OHIO 的所有字母在镜中都是正常的。

形状和大小

在以上实验中，我们了解到对称给我们的世界带来了一种自然的平衡。画家作画时会经常使用对称来帮助他们平衡作品中的元素。例如，如果一幅画的一侧有一棵大树，画家就有可能在画的另一侧画一个类似大小的建筑。通常画家想要一种不对称的效果，所以他们会故意将中心的物体移走或在一侧留有大的空白区域，这是他们将观察者的注意力转移到特定的细节的一种方法。另一种方法就是控制作品中物体的形状和大小。将物体描绘的和实物一般大小太困难了。这里的比例是指物体的相对的形状和大小。在“实验 14 保持距离比例”中，你会了解到大小和距离是如何使物体保持适当的比例的。

实验 14　保持距离比例

题　目

改变观察物体的距离，物体的比例是如何发生变化的？

介　绍

画家作画，建筑师设计建筑，他们都一定会注意设计中元素的比例。如果画面中人的头和身子一般大，那这幅画肯定十分怪异。同样如果教堂的尖顶比前门还要矮，那它也不适称。比例是指一个物体的长度和宽度的相对大小。在本实验中，你就会发现改变观察物体的距离可以明显地影响物体看起来的大小，但却不能改变它的比例。

实验时间

60 分钟

实验材料

- 大的硬皮书（笔记本）
- 尺子
- 软尺或米尺

- 胶带
- 桌子或柜台
- 计算器

安全提示

本实验无须特殊安全防范措施。请仔细阅读并遵守本书“实验前必读”中的“安全准则”。

实验步骤

1. 测量书的高度和宽度，并把测量结果记在数据表上。无须测量厚度。将书直立，慢慢打开书，使其能自行站立。将书置于桌面的前端(最靠近你的那一边)，在远离桌边3米处开始测量，并用胶带做好标记。

2. 双脚合拢，脚趾踩住胶带。右手执尺子的顶部，零刻度朝上，拇指位于尺子的顶端。尽可能地伸展你的手臂。如图1所示，尺子的顶部和桌上书的顶部处于同一直线。上下滑动拇指直到它正好标到书的底部的位置。算出尺子的顶部到拇指尖端的距离，并把它记入标有“在3米处书的高度”的数据表的下面表格中。用同样的步骤测量出书的宽度，并把结果记入标有“在3米处书的宽度”的数据表的下面表格中。

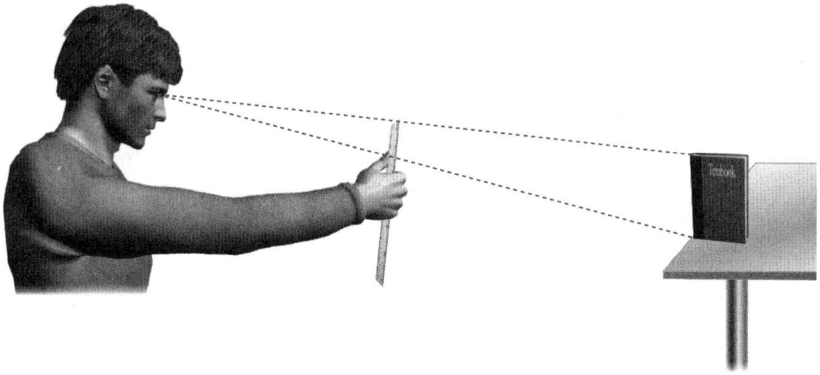

图1

3. 在离桌边 6 米处测量并在地面标上第二块胶带。重复步骤 2，并将测量结果填入标有“在 6 米处书的高度”的数据表的下面表格中。

4. 用计算器计算出书的实际高度被其实际宽度所除得到的结果，并将其计入数据表中。用同样的方式计算出在 3 米和在 6 米处的相应结果。比较每列测量得出的结果。

数 据 表

书的实际高度	3 米	6 米
书的实际宽度	3 米	6 米
高度/宽度	高度/宽度	高度/宽度

分 析

1. 用尺子远距离测量书的高度和宽度时，为什么必须伸直手臂？

2. 在 3 米以外观察书的高度和宽度有何变化？

3. 在 6 米以外观察书的高度和宽度有何变化？

4. 比较 3 例的测量结果，高度和宽度之间的比率有何变化？

5. 观察距离更远时物体的大小有何变化？观察距离改变时物体的整体比例有何变化？

实验中将会发生什么？

为了使画面真实，画家必须关注所画物体的比例。对常规形状的物体而言，比例可以被确切描述为物体的高度和宽度之间的比率。这个数据是用高度除以宽度得出来的。从远处观察物体时，物体似乎在变小，测量的高度和宽度变小了，但它们的比率并未改变。通过测量物体，然后计算出高度和宽度之间的比率，画家可以轻松地根据观察的距离来调整所画物体的大小。

实验结果

1. 如果每次测量时手臂不能保持同样的姿势，测量结果将会不准确。

2. 在 3 米处观察,高度和宽度变小了。

3. 在 6 米处观察,高度和宽度变小了。

4. 在 3 例测量结果中,高度和宽度之间的比率是相同的。

5. 随着观察距离的增加,物体会明显变小但比率不会变。

深度和三维

环顾你的周围,你最容易发现的事情之一就是所有的物体的图像都有深度。换句话说,它不是一个平面世界,有的物体近一些,有的物体远一些。我们能看到深度,这是因为我们在观察世界时,双眼有几厘米的差距。当你观察周围世界时,每只眼睛都会给大脑发出不同的信号,两只眼睛的观察视角稍微有些不同。大脑接收这两个图像并把它们合为一体,即三维的图像。

早期画家面临的棘手问题之一就是如何在他们的作品中真实地描绘出深度和三维。因为通常作品都是在平面上完成的,正常的深度意识发挥不了任何作用。起初,画家们在作品中将物体进行重叠。近处的事物被放置在作品的前面,远处的事物被放置在后面。人们欣赏画作时发现这种安排看起来很不自然,这些图像所缺少的就是我们现在称为"透视"的东西。

透视是画家用来表现图像深度的一种方式,它来源于拉丁语"perspicer",意思是"看穿"。使用透视会给观察者一种正透过窗户看景物的感觉。在"实验 15 图像深度对透视的影响"中,你可以尝试利用这种科学的技巧来为简单的图画增加一点深度。

实验 15 图像深度对透视的影响

题 目

透视是如何表现图像的深度的?

引 言

画家会用线性透视法来创造一种有深度的幻象,最为简单的形式就是我们所熟知的一点式视角。这种方式可以创造出一个消失点。在这个消失点上,远处的事物似乎从水平面上消失了。这里的水平面是指天和地相接时所形成的那条线。同时也有另一种透视法——从观察者所处的角度观看。在本节的实验中,你会画两幅不同的画,其中一幅有透视,另一幅没有。然后你会从中发现如何利用一些基本的几何原理来增加图像的深度。

实验时间

45 分钟

实验材料

- 2 本书、麦片盒、积木块或类似同样大小的矩形物体
- 尺子

- 米尺或软尺
- 空的大矩形桌
- 铅笔
- 两张空白复印纸

安全提示

本实验无须特别安全防范措施。请仔细阅读并遵守本书“实验前必读”中的“安全准则”。

实验步骤

1. 站在较短的桌子边的一侧，桌子长边的延长线应该远离你。在桌子前边的右侧放置物体 A，将物体 B 置于另一条边的左侧，放置如图 1 所示。

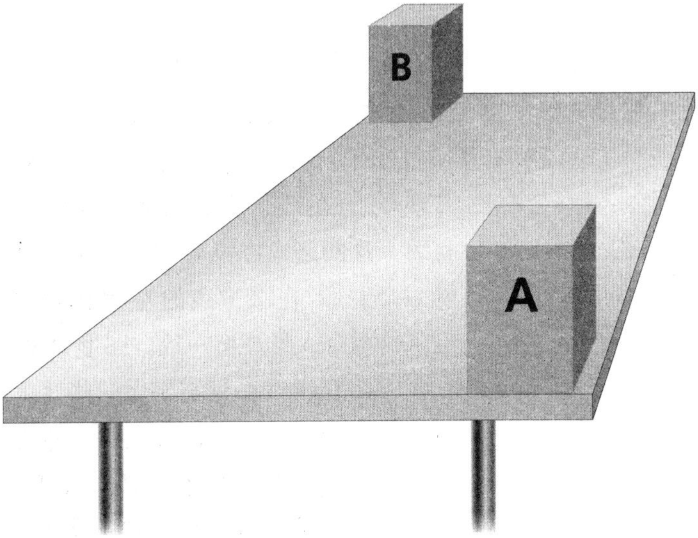

图 1

2. 测量桌上两个物体 A 和 B 的高度和宽度，同时测量出桌子的长宽高。将这些数据计入标有“真实维度”的下面表格中。

3. 站在离桌子前边 3 米处，右手拿尺子的顶部，零刻度朝上，拇指位于尺子的顶端。尽可能地伸展你的手臂。如图 2 所示，尺子的顶部要和物体 A 的顶端保持在一条线上。上下滑动拇指直到它正好标到物体 A 的底部的位置。算出尺子的顶部到拇指尖端的距离，并把它记入标有“在 3 米处观察的明显维度”的数据表的下面表格中。重复刚才的步骤，测量出物体 A 的宽度，物体 B 的高度和宽度及桌子的高度和宽度。测量时，既要测出桌子的前边也要测出桌子的后边。同时也要测出前桌腿和后桌腿的明显高度。

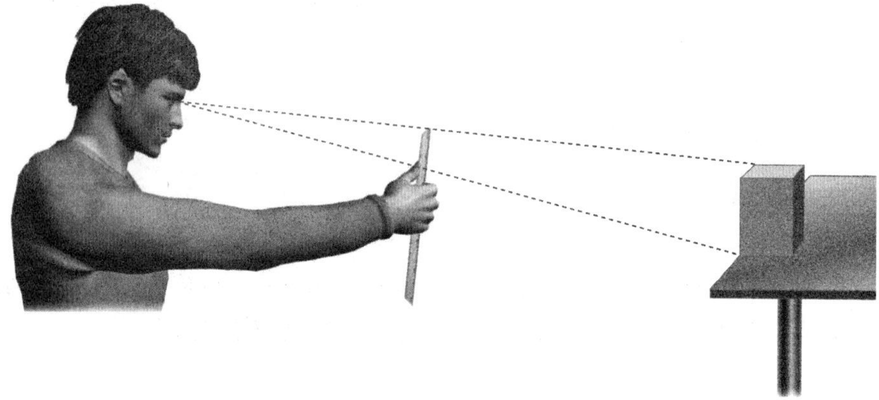

图 2

4. 将第一张纸放置于桌子上，短边离你最近。从纸的上端开始测量，并画出一条水平线。从纸的左端开始，在纸的底端和水平线之间画一条垂直线。从右端开始，在纸的底端和水平线之间再画一条垂直线。这两条线将代表“路”。在纸的底部的右端画一个人形，在水平线的左侧画出第二个人形。确保这两个人形高度一致。图形如图 3 所示。

图 3

5. 重复步骤 4，但需要做一些变化：在画路线之前，在水平线的中间（左右两边的中间）点上一个点。从纸的左边开始，在纸的底部画一条线穿过这一点和水平线上的中点。从纸的右边开始，在纸的底部再画一条线穿过这一点和水平线上的中点。在纸的底部路的右侧画一个人形。在水平线上路的左侧画第二个人形。确保在纸张底部的人形高度是在水平线上的人形高度的两倍。将这幅画与第一幅画进行对比。

数 据 表

真 实 尺 寸	在 3 米处所见的尺寸
物体 A 的高度	物体 A 的高度
物体 A 的宽度	物体 A 的宽度
物体 B 的高度	物体 B 的高度
物体 B 的宽度	物体 B 的宽度
桌子的高度	桌子的高度(前桌腿)
桌子的宽度	桌子的宽度(前桌边)
	桌子的高度(后桌腿)
	桌子的宽度(后桌边)

分 析

1. 物体 A 的真实维度和物体 B 的真实维度有何区别?
2. 远距离观察时,物体 A 和 B 的明显维度有何差异?
3. 远距离观察时,前桌边的长度和后桌边的长度有何区别?
4. 远距离观察时,前桌腿和后桌腿的高度有何区别?
5. 两幅画中哪一幅更能产生距离的幻象?

实验中将会发生什么?

为使画真实,画家通常使用透视法来制造出深度和距离的幻象。运用透视法时有两条规则：第一个规则是观察者（站在有利的位置）离物体越远，物体就会越小。你在测量桌上物体时就已证明了这一点。尽管它们维度是相同的，但是桌子后面的物体要比前面的物体小得多。

第二个规则是深度可以通过远处隐藏的或者重叠的线条来表现。这在你站在一定距离时观察前后桌腿边的区别就可以证明。尽管它们长度相等，但是后面的边要比前面的边看上去短很多。如果你用最简单的三维来画桌的平面，会发现桌子的两边看上去是相交的，而不是平行的（实际上它们是平行的）。

在你画第二幅画时就已经使用了这两个规则。在第一幅画中，代表路的两条线是平行的，画的人形也是一般大的。在第二幅画中，路的两边在水平线上的一个消失点开始相交，而且远处的人形也被画得更小了。因为在画第二幅画时使用了透视，所以画的深度就被增加了。

实验结果

1. 物体 A 和 B 维度应是相等的。
2. 物体 A 应比物体 B 看起来更大。
3. 远处观察时，桌子的前桌边要比后桌边更长。
4. 远处观察时，桌子的前桌腿要比后桌腿更长。
5. 在水平面上相交的线要比平行的线产生更好的距离感。

毛瑞特斯・柯奈利斯・艾雪的作品

许多艺术家都使用透视法，但是毛瑞特斯・柯奈利斯・艾雪却把它发挥到了极致。毛瑞特斯・柯奈利斯・艾雪 1898 年 6 月 17 日出生在荷兰，是一个平民工程师的小儿子。艾雪在哈勒姆的建筑和装修艺术学院接受教育，希望能子承父业。

但他很快就发现自己真正喜欢的是绘画和平面艺术而不是设计建筑。毕业以后，毛瑞特斯・柯奈利斯・艾雪移居到意大利。在那里他通过完成近百幅建筑图和意大利乡村的框架图而显露了他的绘画天赋。他热衷于在作品中运用数学，包括对称和透视。正是基于这一点，他才创作出许多非常

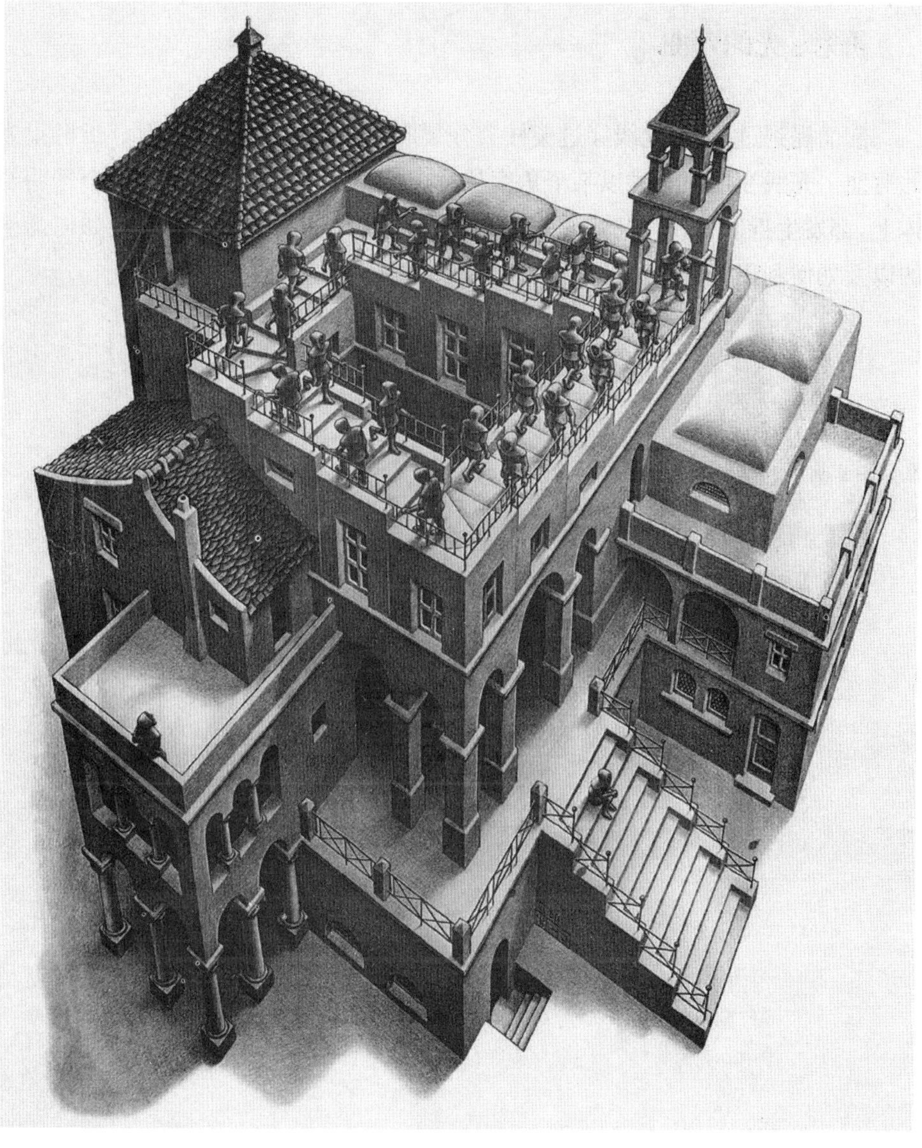

毛瑞特斯·柯奈利斯·艾雪在作品中运用对称和透视，包括他的名作《升与降》。画中建筑顶部的楼梯始终向上且没有终点，是作品的最显著特色。

著名的作品。他运用看似不存在的角度、维度和对称来描绘各种动物的形态。1972年，艾雪去世，但他作为艺术家看待和捕捉世界的方式给世界留下了宝贵的遗产。

折射：光的弯曲

前面提到过，一束光线穿过棱柱会分裂成一簇光谱，这就是折射。折射指光的弯曲。光线在任何时候以某个角度从一个透明物体穿透投射到另一个透明物体上，都发生折射。在“实验 16 折射和聚光”中，你将会了解到折射是如何产生的以及如何利用折射来设计透镜。

实验 16　折射和聚光

题　目

光是如何折射和聚焦的？

介　绍

当光线从一个介质以一定角度穿透另一个介质时，就会发生弯曲或折射。光的折射可以产生许多不同的视觉效果。当一束白光穿过三棱镜时，通过折射，光线就会被分裂成它所组成部分的颜色。这种分裂会产生光谱。用放大镜观察物体，物体会变大。这是因为光线在进入到你的眼睛之前，放大镜就使光发生了折射。事实上，若没有折射，人们就不能看到东西。人的眼睛就像透镜，它会将进入到眼球的光线进行折射，然后使其聚焦到视网膜上。显微镜、望远镜、双筒望远镜，还有照相机的工作原理都是光的折射。在本节实验中，你会检测到有哪些因素影响到折射。同时你会用一个简单的透镜来进行光的聚焦。

实验时间

60 分钟

实验材料

- 两个洁净的直径不同的饮用杯子
- 吸管
- 水
- 手电筒
- 可变黑的房间(橱柜也可)
- 桌子或柜台
- 尺子
- 铅笔
- 3 张空白复印纸

安全提示

本实验无须特别安全防范措施。请仔细阅读并遵守本书“实验前必读”中的“安全准则”。

实验步骤

1. 向较大的饮水杯里倒入半杯水,手扶杯中的吸管使其直立。透过杯子来观察吸管。缓慢倾斜吸管,使其有一定的角度,观察吸管倾斜时水杯中发生了什么? 再次扶直吸管,缓慢往前移动使其触到杯子的前壁,然后向后移动使其触到杯子的后壁,重复几次,观察移动时吸管的变化。完毕后,取出吸管,并向另一杯中倒入半杯水。

2. 将一张白纸水平放置于你面前的桌面上。长边的方向是从右到左。手电筒的透镜放在和纸的右侧相接处。放置如图所示。在纸上标上“没有透镜时的光线”将房间尽可能变暗,打开手电筒,观察光线穿透纸张的情况。用铅笔画下光线的形状。打开室内灯光,关闭手电筒,撤除纸张。

3. 将第二张纸置于同样的位置,旁边放一只手电筒。将细玻璃杯直接放置

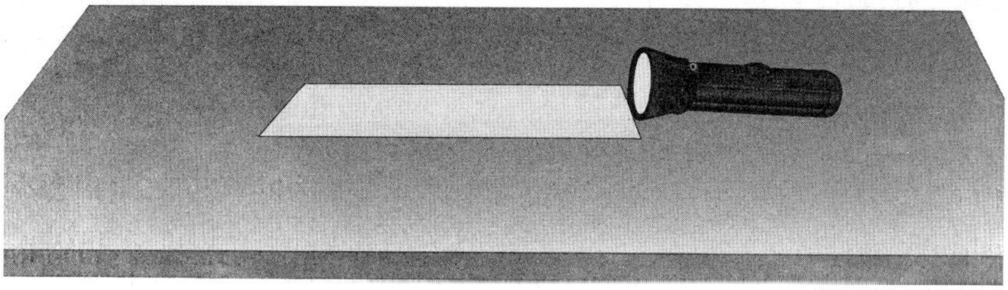

在手电筒的镜头前。在纸上标上“通过细透镜时的光线”。房间尽可能变暗，打开手电筒，观察光线穿过杯子到达纸张的过程，用铅笔画下光线的形状。

4. 将第三张纸置于同样的位置，旁边放一只手电筒。将粗玻璃杯直接放置在手电筒的镜头前。在纸上标上“通过粗透镜时的光线”。重复步骤 3。完毕后，打开室内灯光，关闭手电筒，比较所画的图案。

分 析

1. 当吸管由直立到倾斜时，吸管发生了什么变化？当吸管由杯子的前壁到后壁时，形状发生了什么变化？

2. 没有穿过透镜的手电筒的光线最后形成的形状是什么样的？

3. 手电筒光线穿过细玻璃杯后形状发生了什么变化？

4. 手电筒光线穿过粗玻璃杯后形状发生了什么变化？

实验中将会发生什么？

光线从一个透明物质穿透另一个时，速度发生了变化。在空气中，光的传播速度是每秒 30 万千米（186 000 米/秒）；在水中，速度会下降到每秒 230 000 千米（142 600 米/秒）。如果光线垂直射入新物质，所有的光线同时到达物质并一起改变速度，结果你会发现，光并未发生变化。如果光线进入时有一定的角度，一些光线会比其他的光线提前到达，那它们就会首先减速，紧随其后的是其他的光线，这样光就会发生弯曲。

吸管在杯中直立时，没有什么变化，因为所有的光线同时到达你的眼球。但当它倾斜时，在水中你就会发现它看似被折断了，这是因为水下吸管的光线要比它在空气中的光线传入到你的眼睛的速度慢。

透明的玻璃片或塑料片若有一边有角度或发生弯曲，就可以用来作为一个透镜。根据透镜的大小，物体可以通过它变大或缩小。圆杯子里的水可以作为一个双凸透镜。放大镜也是双凸透镜。垂直观察吸管时，杯中的吸管往前移动时会变小，往后移动时会变大。透镜越厚（你看物体时水越多）看到的部分就会越大。

光束穿越杯子里的水时，光束边缘的光线很少能穿透水，大部分都发生了弯曲。能穿透杯子中央的光线最不可能发生弯曲。最终所有的光线都会聚焦一点，这个点就是焦点。透镜越厚，焦点越远。焦点处的图像是最明亮和清晰的。

实验结果

1. 吸管倾斜时，在水和空气相接的杯子内看它似乎是被折断了。把直立的吸管贴着杯子时，它看上去并无变化。但往后移动时，深水中的部分看上去变大了。

2. 手电筒发射的光线以圆锥形穿透纸上。

3. 光线在穿透细玻璃杯时，一些光线在内部发生了弯曲，然后又在杯子后面的纸上聚焦于一点。

4. 光线在穿透粗玻璃杯时，和其穿透细玻璃杯时一样形成同样的形状，只不过在杯子后光线相交的点更远了。

没有摄像之前的照相机

许多世纪以来，画家们在他们创作的生动传神的作品上就已经表现出精明的能力。然而，即使是最有天赋的画家也不可能捕捉到每一个细节。因此捕捉图像时，画家会留有解释和犯错的空间。真正能再现一个场景或事物的唯一方式就是拍照。

许多科学家、发明家和艺术家一直试图研制这样的一种装置，它可以准确地复制一个场景或事物。但是，直到 19 世纪初才出现了拍摄的过程。接着，拍摄取得了一系列的进步。包括针孔照相机的发明，这种装置导致了现代照相机的诞生。在“实验 17 针孔照相机的工作原理”中，你会利用类似的原理设计一个类似的装置来捕捉和聚焦图像。

实验 17　针孔照相机的工作原理

题　目

针孔照相机是如何捕捉图像的?

介　绍

在照相机发明之前,艺术家们就用针孔摄像来再现他们周围的事物。Camera obscura(暗箱)一词来源于拉丁语,意思是"黑暗的房间"。1000 多年前,在没有发明针孔摄像机前,人们只能在黑暗房间里的一面墙上凿一个小孔,当光线进入小孔时,外面世界的图像就会在另一面墙上显现。随后人们发明了更加便捷的版本,即"针孔照相机"。在本节实验中,你将制作一个简单的针孔摄像机,并发现它是如何工作的。

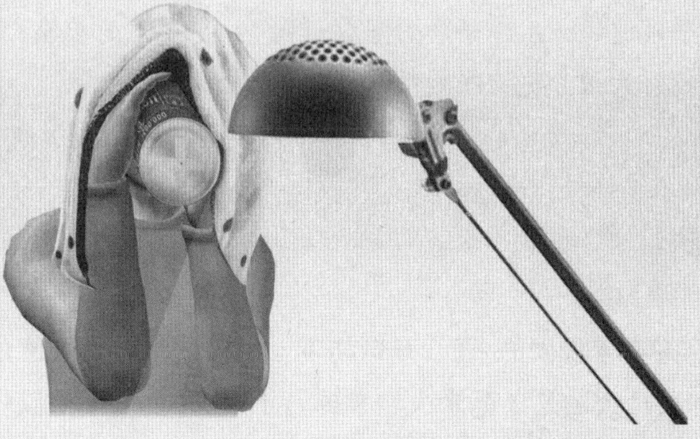

实验时间

60 分钟

实验材料

- 装有明亮白炽灯的台灯
- 空咖啡罐
- 图钉或高顶图画钉
- 3 毫米大小的钉子
- 锤子
- 尺子
- 胶带或其他类型的不透明的胶带(不透明的玻璃纸袋)
- 大的橡皮筋
- 长宽都是 30 厘米的蜡纸
- 可完全处于黑暗状态的房间或橱柜
- 助手
- 不透光的毯子或毛巾

安全提示

在咖啡罐的底部用锤子和钉子凿孔时,一定要注意安全。不要用针孔照相机直射太阳。建议在教师的监护下进行本实验。

实验步骤

1. 将咖啡罐置于稳固的桌面,开口朝下。用锤子和钉子在罐的中央位置凿一个孔。孔的直径大约是 3 毫米大。拿掉钉子,在孔上贴一层胶带。用图钉或高顶图画钉在胶带上扎一小孔,孔要在钉子孔的正上方。

2. 将罐倒置过来，用蜡纸封住开口。拉直绷紧，在助手的帮助下，用橡皮筋确保蜡纸的安全。

3. 房间变黑，打开台灯，站在 1 米处，用咖啡罐的底部对准台灯的灯泡。灯泡发出的光线会穿过胶带上的针孔，你会在蜡纸上看到灯泡的图像。如果房间不能完全黑暗，你可以用不透光的毯子或毛巾盖住头和咖啡罐的底部。

4. 注视灯泡，慢慢前后移动，观察灯泡图像的变化。

5. 去除咖啡罐的底部的胶带，使用更大一点的钉子孔，重复步骤 3 或 4。将所观察到的结果和通过针孔观察到的结果进行对比。

实验分析

1. 通过针孔首次观察时，灯泡图像是如何显现在蜡纸上的呢？
2. 来回移动灯泡时在蜡纸上的图像是如何发生变化的？
3. 通过大的钉孔时，灯泡图像是如何在蜡纸上变化的呢？

实验中将会发生什么？

通过光源发出的光线——例如蜡烛发出的光线、太阳反射出的光线，还有这次实验中灯泡发出的光线，都是沿直线传播的，只有一小部分穿过了针孔。光线穿过针孔，就像在空间里穿越。这就是为什么灯泡的图像是倒立的。

拿掉胶带，透过大的钉孔观察灯泡，灯泡变得更加明亮但却不那么清晰。孔越大，进入到罐子内的光线越多，图像也就变得更加模糊，因为穿过开口处的光线会相互遮挡。

实验结果

1. 灯泡图像黑暗并是倒置的。
2. 图像大小随着观察距离的改变而改变，距离越大，图像越大。
3. 通过大孔观察灯泡，图像更大，但图像不清楚。

现代照相

早在 1000 多年前，人们就发现了针孔照相的科学原理。但是直到 19 世纪初，现代的摄影才诞生。人们知道如何捕捉图像，却不知道如何保存图像。那时还没有胶卷，所以艺术家们最可能做的就是当针孔摄像播放出一幅图像时，他们就画下来。试想一下，这肯定不仅费时而且还可能出错。18 世纪后期，化学领域的新发现促进了第一个摄影胶卷的出现。

画家约瑟夫·尼埃普斯·涅司在法国工作时发现用沥青包装金属板时，放到太阳下就会产生图像的负片。1826 年，他就利用这个过程拍摄到了外部景物的粗糙图片。几年以后，涅司和法国商人路易斯·达盖尔合作发明了“银版照相法”，它可以在金属板上形成永久性的拍摄的图片。到了 1840 年才出现了真正的突破。当时英国科学家亨利·福克斯·塔巴特找到了产生图像的负片的方法。此后负片就被用来印刷报纸上许多有名的图片。

19 世纪 70 年代初期，随着照相机的进步和透镜使图像变得更加清晰，新的摄像艺术形式席卷整个世界。然而，仍然存在一个大问题，那就是拍摄的过程中会使用到有毒的和具有爆炸性的化学物品。1874 年，美国科学家乔治·伊斯曼——柯达照相机的发明人，发现了如何让对光敏感的化学物品在纸条上保持稳定。第一个真正的胶卷诞生了。然后就开始了现代摄影。

近些年来，许多照相机不再使用胶卷，数码相机在电脑革命中异军突起。它们把图像存在电脑芯片，而不是放到胶卷里。由于数码相机的发展如此迅速，人们对胶卷要求不断减少，最终在 2009 年柯达公司宣布停产著名的“柯达牌彩色胶卷”。

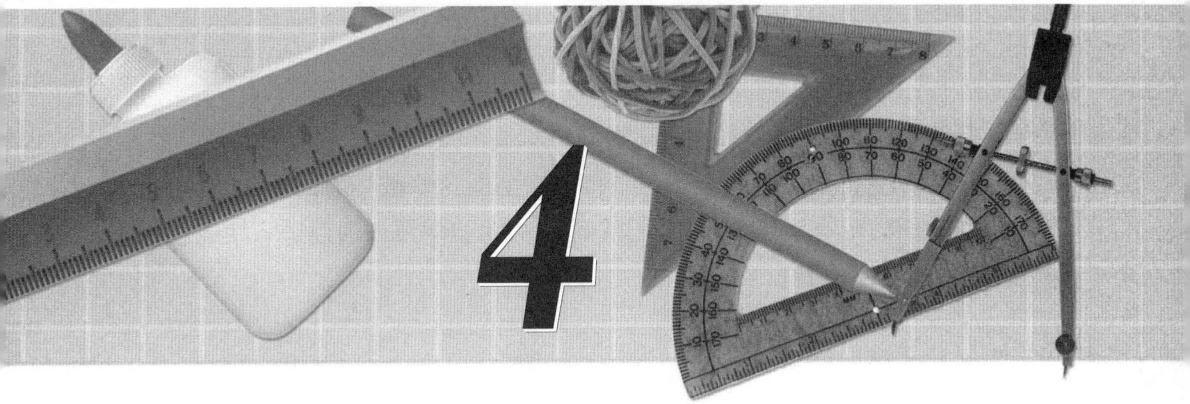

建筑的艺术

到目前为止，我们主要关注的是艺术形式背后的科学。事实表明，许多适用于艺术的科学原理同样可以在建筑中找到。视觉方面的艺术如：阴影、光线的折射、对称和透视在建筑学中都很重要。此外，建筑师所用的材料和艺术家们所用的材料大多是相同的，如木头、石头、黏土等。极有可能人们是在木雕、石雕以及制陶的过程中才发现了这些材料的建筑价值，从而建造出第一个建筑物。

建筑和艺术密切关联，因为它们都涉及美学，都要使物体看起来美观。曾经看见过宏伟的教堂、高耸的大厦或者巧妙悬于空中的吊桥的人，一定会明白建筑也是一种艺术。艺术与建筑最大的差别在于它们的功能不同。建筑除了美观之外，还要实现其功能性，并且要结构稳固。毕竟，即使是世界上最美妙的建筑，如果它坍塌了，也就无法称其为建筑了。一个优秀的建筑师必定总是能找到建筑形式与功能之间的平衡。要想做到这一点，建筑师就要很好地了解自然中的力。

愿力量与你同在

简单来说，力可以被理解为施加于一个物体上的推力或拉力。建筑师在设计一个建筑时会面对很多种力，但重力是这些力中最重要的。大到摩天大厦，小到泥屋茅棚，一切建筑都要承受将其拉向地球表面的重力。气候也产生许多其他的力，风、霜、雪、雨都会对建筑产生重要的影响。最后，还有些力是看不到的，比如说随着时间的流逝，建筑材料本身会产生某些化学变化。许多桥梁或房顶会由于金属的腐蚀或木材的腐烂而坍塌。

多年来，人类已经学会采用建筑技术来削弱这些破坏力的影响。在“实验18 建造稳固的砖墙”中，你将通过这个简单的实验学习如何建造一堵能够更好地抵抗重力作用的墙。

实验 18　建造稳固的砖墙

题　目

怎样建一堵结构稳固的砖墙?

简　介

如果你曾经在近处观察过一座建筑的砖墙,你也许会发现石匠是以一种特殊的方式将砖砌在一起的。石匠们并没有直接将砖一摞一摞地往上堆,而是将每一层上面的砖都与其下的砖错开半截的位置再砌上。这使墙壁更加引人注目,但这种做法真的会带来结构上的益处吗? 在这个实验中,你将检验用两种不同方法建成的墙,看看哪一种方法建的墙更加牢固。

实验时间

60 分钟

实验材料

- 30 块乐高积木砖或其他类似的可连环相扣的积木砖
- 电吹风
- 尺子

● 桌子

安全提示

本实验无需特别安全防范措施。请仔细阅读并遵守本书“实验前必读”中的“安全准则”。

实验步骤

1. 把积木块堆成 3 摞，每摞放 10 块积木。在摆积木的时候请将每一块积木放置于其下方那块积木的正上方。用尺子在桌上量好距离桌子边缘 30 厘米的距离。3 摞积木将并排组成一堵墙，其摆放如图 1 所示。

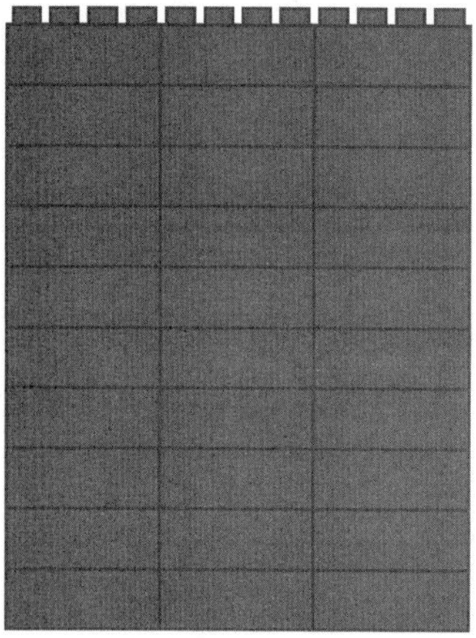

图 1

图 2

2. 将尺子标有零刻度的一端置于墙的前面，尺子另一端与桌子边缘平行。将吹风机调至最高档，将其吹风口放在桌沿及尺子的顶端。吹风机的喷嘴应正对着积木墙。缓慢地将吹风机向墙的方向滑动，并注意观察积木墙。如果任何积木坠落，停止推动吹风机并在吹风机停止的地方于尺子上做下标记。记下这个数字，而后将积木重新摆好并将吹风机移到起点。重复刚才的步骤两次或两次以上以确认你得到的结果是一致的。

3. 将 3 摞积木拆开，重新摆成一堵如图 2 所示的墙。在你摆好这堵墙后，采用这堵新的墙重复步骤 2 的做法，而后将所得数据与第一次实验所得的数据相比较。

分　析

1. 哪一组积木倒下的地方离吹风机更远呢？
2. 这两组积木在倒下前分别是什么情况呢？
3. 用哪种方法建造的墙更加稳固呢？

实验中将会发生什么？

小孩子刚开始玩积木时，他们很快就发现，就积木的稳定程度而言一定有一种方法好，一种方法差。如果将大小相同的积木块直接摆到另一块的正上方，这样的结构很快会使墙变得摇摇欲坠，很小的干扰力就会让墙倒下。但如果将积木块每一层与下一层错开来摆的话，墙的结构会稳固很多。墙体的不牢固有如下几种原因：通常随着墙体的增高它的重心也在变高。一个物体的重心就是这个物体全部重量所集中的点。重心就是在理论上能让物体保持平衡的点。一个物体的重心点越高，它就越不稳固。

在你采用将一块积木放置于另一块积木正上方的方法建墙时，由于积木块只有一个支撑点，它的重心也在不断升高。但当你用错位摆放的方法堆积木时，你会发现每块积木下有两块积木来承受它的重量。这将有助于分散重力，同时也可以降低墙的重心，所以墙变得更加牢固了。无论使用可相互卡在一起的乐高积木还是用水泥将砖块砌在一起，交错放置的方法使砖块形成了一个整体而非许多分散的砖摞，这样就把墙体底部的支撑扩展到了一个更大的面积。

实验结果

1. 通常用一块砖直接摆放在另一块之上的方法建成的墙很快就会倒塌。
2. 在砖块掉落之前，墙体的每个部分都开始晃动，因为它们是相互分离的。
3. 用交错放置的方法建成的墙更加牢固，因为这样墙体就形成了一个整体的结构而非分散的个体。

金字塔：世界古代建筑的奇迹

据考古学考证，人类迄今发现的最早的大型人造建筑是位于今日伊拉克境内的阿布沙赫顿因丘城（它建成于大约公元前5400年，是美索不达米亚平原第一个城市，当时被命名为埃利都）。城中有用泥砖建成的巨大的金字形神塔遗迹，其建成时间可追溯至公元前500年。这种金字形神塔的设计与古埃及金字塔是相似的，同样拥有宽大的基座，越往上越窄。但是金字形神塔是以一组阶梯的形式向上延伸的，这与埃及金字塔相对平滑的坡面是不同的。

浏览一下其他古代文明你会发现，许多其他地方的古代人也建造过金字塔。这些金字塔遍及印度、墨西哥、希腊、中美洲、苏丹以及埃塞俄比亚。最知名的金字塔建造者是古埃及人。为什么古代的建筑师会设计如此多的金字塔呢？仅仅是为了美观还是金字塔确实有一些特殊的功效呢？在“实验19 建造金字塔”中，你将用实验来验证在建造高的建筑时，一座金字塔是否能带来其他设计方案所不具备的优势。

墨西哥的库库尔坎金字塔就是一种金字形神塔。尽管它和典型的金字塔相似，但金字形神塔的每个侧面是以阶梯状的形式上升的，而非一个平滑的斜面。

实验 19 建造金字塔

题 目

金字塔的设计形式是否能带来其他建筑形式所不具备的优势呢?

简 介

金字塔是世界古代建筑中最常见的设计方案之一。从埃及到中美洲,几乎每一个建造永久性大型建筑的古文明都被建成金字塔的形状。在多数情况下,这些金字塔都建在人烟稀少之地,而且建造的主要目的是作为神庙或者坟墓。在这项实验中,你将建造两种建筑,并将比较这两种建筑来确认金字塔形的设计方案是否会带来结构上的优势。

实验时间

60 分钟

实验材料

- 150 块乐高积木砖或其他类似可连环相扣的积木块,所有的积木尺寸必须相同
- 一张桌子

- 电吹风
- 一桶干的细沙(或沙滩沙)
- 防尘面罩

安全提示

实验步骤1的操作过程必须在室外进行,以免在室内扬起灰尘。在倾倒沙子前,你应该戴上防尘面罩。请仔细阅读并遵守本书"实验前必读"中的"安全准则"。

实验步骤

1. 找一块适于倾倒沙子的空地,提起装有沙子的桶,然后缓慢地将沙子倒在地上的一个点上。在沙子逐渐堆成沙堆并变大时注意观察沙堆的形状。

2. 在桌子的中间建造一个7层积木砖高的塔状体。建造形式如图1所示。将电吹风开到高档而后将其出风口置于距离塔5厘米处。观察砖塔的状态。如果砖塔没有倒下就在其上再添一层积木块,之后重复吹电吹风的步骤。不断地添加积木的层数直至你可以用电吹风吹倒砖塔为止。记下砖塔倒时砖的层数。

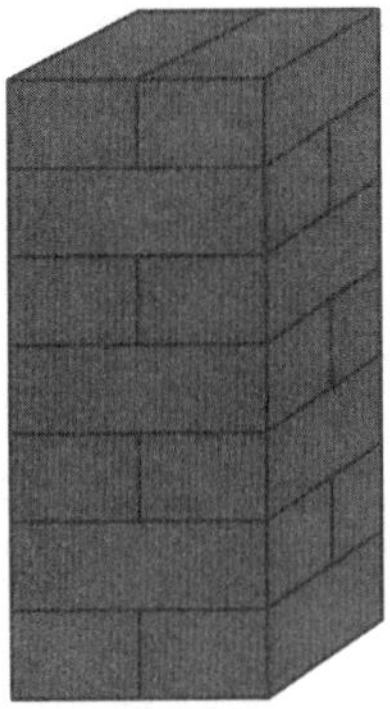

图1

图2

3. 将砖塔拆开,而后用积木砖搭建一个金字塔。先摆出一个每边包含6块积木砖的方形底座(提示:在这项工作中,在最低层相对的两边摆放6块,另外两个相对的边摆放 5 块即可)。在安放第二层积木砖时要将它们向中心移动半块砖的位置。形状如图 2 所示,不断地向上添加积木砖直到金字塔建成为止。此时电吹风开到高档,将出风口放置于距塔顶部砖块 5 厘米。比较而后金字塔发生的情况与砖塔发生的情况。

分 析

1. 沙堆的形状是什么样子?在沙堆变高的同时它的底部发生了什么变化?

2. 在砖塔倒下前发生了什么情况?

3. 用砂纸磨过后,3 块木头的雕刻部分发生了什么变化?

4. 假设你在用沉重的石块造一个建筑,这个建筑被建成金字塔状时会比建成塔状有什么优势?

实验中将会发生什么?

在埃及、墨西哥甚至在旧金山的街头(那里有一座被称为环美金字塔中心的摩天大楼),金字塔都是令人印象深刻的建筑。金字塔不仅令人难以置信的稳固而且容易建造。金字塔形状的设计是模仿自然的:金字塔的外形和大多数的火山或山堆的形状类似。地球上所有的东西都有一个自然的放置角度,这些东西可以借此拥有了斜面的外形来保持稳定和抵抗重力。一旦这个角度变陡,物体就开始向下滑动。在实验步骤 1 的沙堆时,你会发现随着沙堆的变高,它的底部也在变大。沙堆的斜面总保持着一个角度。早期的金字塔基本上是堆放砖或者石头,它们的设计者运用了斜面放置角度的优势来使金字塔保持直立。金字塔的稳固在于它宽大的基底使塔有了一个很低的重心。一个物体的重心就是这个物体中所有重量所集中的那一点。你可以将重心想象成一个临界点。只要在重心之下有足够的支撑力,这个建筑就可以立起来。随着建筑的增高,它的重心也开始升高。比如说一个高层建筑的重心升得太高会让它头重脚轻、站立不稳,一些很小的干扰都可能让它倒下。如果按金字塔形来建造建筑物,想要造得更高就需要更宽广的基底,这样一来建筑就可以依旧保持牢固。

古代的建筑师们采用金字塔的设计方案来建造他们最高的建筑还有另外一个实际的目的。金字塔的侧面类似于一个倾斜的平面或斜坡,工人们可以方便地通过底层的金字塔将石料运送至金字塔的上部。倘若他们建造的是一个垂直的高层建筑的话，工人们将石头送到顶层会花费更大的力气。

实验结果

1. 沙子堆成的形状是一个倒置的圆锥或一个圆形的金字塔。在塔顶增高的同时，它的基底也在扩大。

2. 塔形积木建筑在倒下前很不牢固并前后摇摆。

3. 堆成金字塔形的积木并未受到吹风机风力的影响。

4. 由于金字塔有类似于阶梯的侧面，运送沉重的石料到塔顶变得很方便。金字塔的侧面的形状类似于阶梯或斜的平面。建造一个垂直的建筑需要将石料垂直升起。

伊姆荷泰普：金字塔的设计师

正如你所想，金字塔并非由古埃及人随意地将石头堆在一起而建成的，为了建造这些奇迹，他们花费了大量的精力来精密测绘和计算。不幸的是，关于古时金字塔建造的记录实在太少了。时至今日，科学家和工程师们依旧为金字塔建造的方法这个问题而争论不休。我们知道的是，埃及建造的第一座金字塔在塞加拉，它的建造是为了作为法老左塞尔的坟墓。这座巨大的石质建筑建成于公元前 2650 年左右，塔身由 6 层明显的阶梯构成。负责建造这座金字塔的人叫伊姆荷泰普(Imhotep)。尽管我们对这个人的一生所知甚少，但他一定是一位充满智慧的人。除了设计建筑，他还是天文学家、医生和主教。

希腊的复兴

自第一座金字塔建成以来，建筑的艺术与科学经历了 5000 多年的漫长岁月。新的建筑技术和材料使得现代的建筑师们不用宽广的基底也能建造高大优美的建筑。

事实证明，许多现代建筑元素在古希腊时就首次被使用。古希腊的社会与它之前的社会也迥然不同。古希腊人信奉民主决策，人民有权利对政府如何运作

卓瑟王金字塔是最早的梯形金字塔，它坐落于埃及塞加拉的墓地中，大约建造于公元前 27 世纪。

时至今日，现代建筑也常常从古希腊的建筑中汲取灵感，比如他们对柱子的使用。古希腊社会许多领域都很繁荣，建筑学就是其中之一，也造就了像帕特农神庙这样建筑史上的举世经典。

发表自己的看法。因此古希腊的人民不仅仅是服务于某个国王或法老的，他们有权利研究自身感兴趣的领域。哲学、诗歌、音乐、文学、雕塑还有建筑在这一时期都繁荣发展。古希腊的建筑文明在公元前 500 年—公元前 305 年达到顶峰。古希腊人在这一时期建造了许多举世瞩目的建筑，其中就有帕特农神庙和阿尔特弥斯神庙。经典的古希腊建筑的独特之处就在于其对柱子的采用，一些史前文明曾在基础部分有限地使用柱子，但古希腊的建筑家们将之发挥到了艺术的极致。柱子是类似于桩子的垂直支撑物，被用来支撑建筑中的水平部分，比如横梁、楣石等。几乎每个古希腊建筑都采用了柱子。在设计一座带有柱子的建筑时，设计师要考虑的最重要的因素之一就是柱子怎样来承受压力。压力就是挤压的力量，物体在受到挤压时会变矮变宽。在“实验 20 柱形的支撑力”中，你会测试几种设计方案不同的柱子，而后观察它们是怎样承受压力的。

实验 20　柱形的支撑力

题　目

柱子的形状对它的承重能力有何影响？

简　介

多年来建筑家们找到了许多巧妙的方法来实现对墙体和屋顶重量的支撑。在古希腊，最常见的方法是使用柱子。如果一个柱子想要发挥其作用，它必须要承受建筑物上部的重量带来的巨大压力。除个别特例外，几乎所有的古希腊建筑使用的柱子都是圆截面的。古希腊人选择圆柱形是由于他们喜欢圆柱的形状还是因为实际需要呢？在这个实验中，你将会测试 3 种不同形状柱子的承重能力，并发现哪一种在建筑中更具优势。

实验时间

60 分钟

实验材料

- 3 张标准打印纸 22 厘米×28 厘米
- 剪刀

- 一卷玻璃纸胶带
- 桌子
- 10 个方木块，这种木块可以在学前班或幼儿园教室中找到，每个木块尺寸约为 7 厘米×7 厘米×3 厘米
- 尺子
- 铅笔

安全提示

本实验无须特殊安全防范措施。请仔细阅读并遵守本书"实验前必读"中的"安全准则"。

实验步骤

第一部分：建造柱子

1. 展开一张纸(纸的长边是与你垂直相对的，就像你平常看书的方式)，从纸的上方往下测量到 6 厘米、13 厘米、19 厘米、25 厘米处，分别用铅笔做下标记。沿各标记处用尺子画一条和纸张上部平行的直线。沿着每条线仔细折叠纸张，这样你将得到 4 个宽度相等的平面以及纸张底部宽约 2.5 厘米的余边，将 4 个平面折成正方形并折起余边使它和最后的平面相重叠，沿着细缝将整个余边粘在平面上。

2. 打开另一张纸，放置与步骤 1 相同，从纸张的上方往下测量到 6 厘米、13 厘米、19 厘米、21.5 厘米处，分别用铅笔做下标记。沿各标记处用尺子画一条和纸张上部平行的直线。在 21.5 厘米处用剪刀剪裁，沿着每条线仔细折叠，这样你将得到 3 个宽边和 1 个宽约 2.5 厘米的余边。将 3 个边折叠成三角形并折起余边使它和最后的平面相重叠，沿着细缝将整个余边粘在平面上。

3. 展开最后一张纸，放置方法同步骤 1，从纸

的上方往下测量到20厘米、23厘米处，分别用铅笔做下标记。沿各标记处用尺子画一条和纸张上部平行的直线。在23厘米处用剪刀剪裁。将纸张卷成圆形，在纸的末端2.5厘米处折叠，让纸张末端和所画直线平行，而后用玻璃纸带粘合整个细缝。

第二部分：测试柱子

4. 将方形截面的柱子的底端放在桌面上，确保柱子的4个平面在任何情况下都不能弯曲。小心地将一个木块放在柱子的顶端并观察发生了什么，而后再增加第二块木头，之后不断地增加木块直到柱子倒塌。将柱子倒塌前所承载的木块数量记录下来，对三角形柱子和圆形柱子重复同样的过程。

数 据 表

方形柱子支撑木块的数量	
三角形柱子支撑木块的数量	
圆形柱子支撑木块的数量	

分 析

1. 哪种柱子能支撑的木块数量最多？
2. 哪一种形状支撑木块数量第二多？
3. 在方形柱子和三角形柱子倒塌前发生了什么？
4. 哪种柱子的支撑力是最大的？

实验中将会发生什么？

这项实验清楚地表明：在材质和尺寸相同的情况下，拥有圆截面的柱子支撑力是最大的。物体被压时会受到压力，压力会让物体变矮或变宽。三角的或方形的这些带角的柱子在承受压力时柱子各部分受到的压力是不同的，这将导致承受力差的层面在柱子中不断扩张。一旦压力足够大时，这些柱子就会倒向承受力最差的那个面，而且在倒下前往往会弯曲。由于圆截面的柱子没有角，所以随着压力的增加，柱子内部的压力会均匀地分散在柱子的各个部分。因此，圆形的柱子能在承受更多的压力后倒塌。

实验结果

1. 圆形柱子承载的砖块数量最多。
2. 三角形的柱子坚固性排第二。
3. 方形的柱子和三角形的柱子在倒下前都开始弯曲。
4. 在受到压力时，有圆截面的柱子能提供最好的支撑。

感受张力

在之前的实验中，我们看到了垂直的柱子在受到太大的压力时是如何倒塌的。但对水平的横梁来说，压力仅是它们所面临问题的一半，除此之外横梁还要承受张力带来的力量。张力会拉伸物体，在“实验 21 张力与耐压力对横梁的影响”中，你将会探索横梁在受到张力和压力的双重作用时是如何表现的。

屋顶的支撑需要横梁，横梁就是屋顶框架中水平的木头，横梁必须承受张力和压力的双重作用。

实验 21　张力与耐压力对横梁的影响

题　目

张力和压力是如何作用于横梁的?

简　介

横梁是许多现代建筑中必不可少的部分。横梁是一种水平的支撑物，通常用来支撑房顶、木质平台以及墙壁。我们不清楚横梁是在什么时候发明的，但与建筑相关的证据表明，人类对横梁的使用已经有 6000 多年的历史了。一根有效的横梁必须在不损坏的情况下承受较大的重量。在重物被加到横梁上的时候，横梁会受到外力并开始变形。两种能导致横梁变形的外力是张力和压力。在实验 21 中，你将检测一个简单的横梁，来观察力是如何影响横梁的。

实验时间

60 分钟

实验材料

- 足够堆成两摞高 30 厘米的书籍

- 米尺
- 2 个蔬菜罐头或汤罐头，每罐重 450 克
- 尺子
- 桌子
- 大块的球状黏土

安全提示

本实验无须特殊安全防范措施。请仔细阅读并遵守本书“实验前必读”中的“安全准则”。

实验步骤

1. 将黏土捏成长方体，长方体要有一个棱比另外两条棱长。将黏土长方体放在桌上，确保它的长边是水平的。把你的手分别置于长方体的两端，将你的两手缓慢地向中间挤压，然后观察发生了什么。

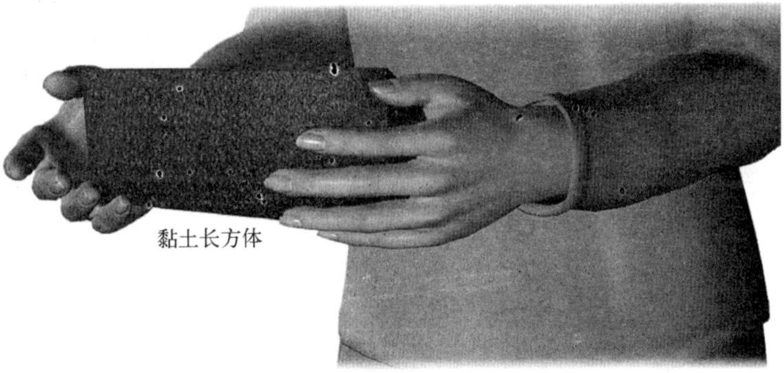

图 1

2. 重新将黏土捏成长方体，并像刚才那样放好。这一次用你的手指小心地将黏土向两头拉，观察黏土发生了什么变化。

3. 准备好两摞高度相同的书，把这两摞书分开相距 30 厘米。将米尺放在两摞书顶，使米尺中心在两摞书之间。这个米尺代表了横梁。

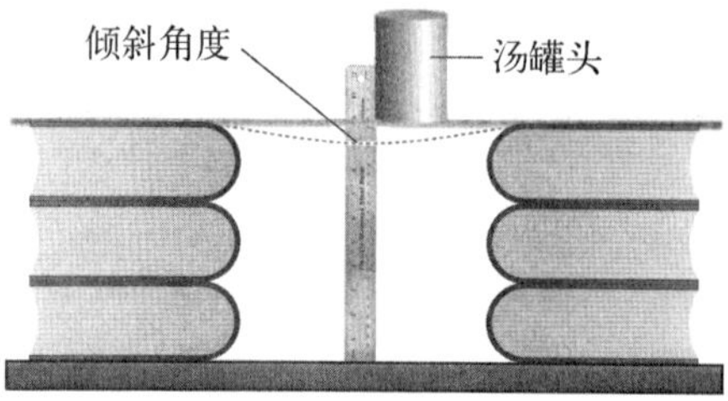

图 2

4. 用尺子量一下米尺中间到桌面的距离并填入数据表中，将一个罐头瓶置于米尺的中间，观察米尺有什么变化。此时再量一下米尺到桌面的距离并填入表格。将第二个罐头挨着第一个罐头放在米尺上，观察尺子在受到额外的重量时发生什么变化。

5. 从尺子上移走一个罐头，重新调整两摞书的位置，使它们相距 45 厘米。量一下此时尺子中心到桌面的距离并填入表格。然后把两摞书的距离调成 60 厘米以及 75 厘米，再重复两次这个步骤。

数　据　表

横梁的起始高度 相距 30 厘米、上面放 1 个罐头时横梁中心的高度	
相距 30 厘米、上面放 2 个罐头时横梁中心的高度	
相距 45 厘米、上面放 1 个罐头时横梁中心的高度	
相距 60 厘米、上面放 1 个罐头时横梁中心的高度	
相距 75 厘米、上面放 1 个罐头时横梁中心的高度	

分　析

1. 在你将黏土立方体向中间挤压时它发生了什么变化？这种力是什么力，当你将黏土块拉向两端时发生了什么变化？这种力是什么力？

2. 在你将一个罐头放在米尺上时发生了什么？在你放置第二个罐头增加重量时发生了什么？

3. 当你将两摞书距离拉远时，米尺有什么变化？

4. 根据你所观察到的情况，想一下为什么建筑师在设计一堵墙时，每隔一段距离总会有一个柱子。

实验中将会发生什么?

在一个横梁的两端被支撑时,横梁自身的重量和横梁上部任何物体的重量会使横梁受到压力和张力的作用。在横梁下弯时候,它的上部会受到压力,底部会受到张力。横梁底部在受到拉伸时会形成许多小的裂缝。如果张力变得足够大时,这些裂缝就会变宽而后横梁就会折断。

可以用两种方法来改变作用于横梁上的张力和压力。一种是增大建筑的负荷量,建筑师在设计一座建筑时,不仅要考虑到建筑物自身的重量,而且要考虑任何额外的重量。这些额外的重量包括建筑中的人、家具、货物甚至堆在建筑顶端的冰雪。第二种方法就是通过改变横梁下方支撑物的间距来改变横梁的承重能力。在支撑物的间距增加时,横梁下部受到的张力也会增加。建筑师在设计墙或者房顶时必须确定支撑物足够近以确保横梁不会倒塌。

实验结果

1. 黏土块在被挤压时,它变得更矮更宽,这就是压力。当黏土块被拉向两端时会变长变细,这就是张力。

2. 在米尺上添加重物时,米尺中间会弯曲。在米尺上添加更多的重量会使其变得更加弯曲。

3. 两摞书之间的距离越大,米尺的弯曲程度也就越大。

4. 横梁之下需要有规律的支撑物以避免横梁弯曲甚至毁坏。

现代建筑中的横梁

当今的建筑与古希腊的神庙并不相像。过去的建筑通常是又矮又宽的,而当今的摩天大楼是高耸细长的。尽管它们的外表不尽相同,但是古今建筑都采用了许多相同的建筑技巧。使古今建筑看起来大不相同的原因在于它们所使用的材料不同。在古代,许多建筑是石头建造的。石头非常便于堆积并能很好地承受压力,这就是古代人建造巨大石柱的原因。但是石头水平放置时,张力的作用会使石头很容易就产生裂缝，这是因为石头没有足够的弹性。弹性是指固体在受到拉力时变形，拉力撤去之后恢复原状的一种特性。当石头被用作横梁或者过梁时，它们的下面必须要有距离较近的支撑物。这就说明为什么大多数古希腊建筑都有很多柱子。

除了用石头做建筑材料之外，现代建筑师使用钢筋构架的设计方案。钢材比石头的弹性更好。在同样重量的情况下，钢材能够更好地承受张力和压力。这意味着钢构架的建筑比同体积石头构架的建筑要轻许多。建筑重量的减轻会使横梁的负重减少，因此建筑可以在更小的地基上建造得更高。

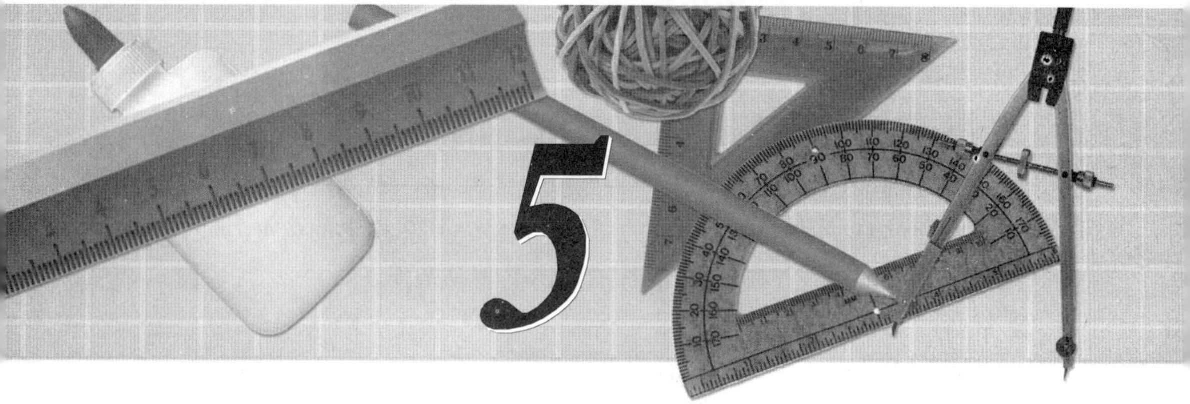

5 跨越地球

在上一章的最后一部分，我们了解到建筑师在解决直立支撑建筑结构中跨越空间的问题时遇到了巨大的挑战。随着时间的推移，持续的重力牵引伴随着巨大的压力和张力，建筑物的横梁或过梁会下垂甚至折断。

罗马的圆形大剧场是使用拱形传统的典范。建筑师在罗马帝国时期开始将拱形作为横梁的替代品用于建筑中。横梁会随着时间的推移在重力、压力和张力的作用下折断，而拱形则恰恰相反，它会因为受到压力而牢固地聚在一起。

为了解决这个问题，罗马的建筑师们开始采用另一种不同的方法。他们开始使用拱形而不是横梁。拱形是一种倒弧型结构，将一系列楔子状的物体固定在一起，进而建立一种类似于桥洞的开口。在“实验 22 拱形的载重力”中，你将会接触一些类似的古代建筑并“帮助”建筑一个罗马帝国。

实验 22 拱形的载重力

题目

拱形结构是如何在一个开口下支撑载重的?

介绍

建筑师使用简单的横木或者过梁可以跨越一部分距离,而拱形则得以使这部分距离延长。有证据显示,第一个石制拱形由苏美尔人建于公元前3500年。埃及、希腊的建筑师也曾尝试构建拱形,但却没有将此广泛运用,直至罗马时代的到来。在此实验中,你将建造一个罗马风格的拱形,以此发现它是如何利用压缩力来支撑引力的。

实验时间

60 分钟

实验材料

- 20—25 块方糖,大小一致
- 桌子
- 2 张硬纸板, 15 厘米×15 厘米

- 度量尺
- 铅笔
- 粗砂纸(60 目)
- 指甲锉
- 助手

安全提示

本实验无须任何特殊预防措施。请仔细阅读并遵守本书“实验前必读”中的“安全准则”。

实验步骤

1. 叠起 8 块方糖,将方糖一块接一块对准叠堆起来。再叠起另外 8 块方糖,每块方糖要比下面一块稍微偏移一点位置,如图 1 所示。在不断堆叠方糖时观察糖塔的变化。

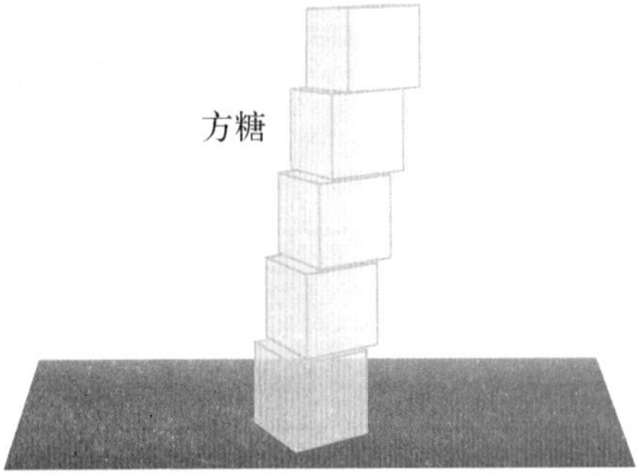

图 1

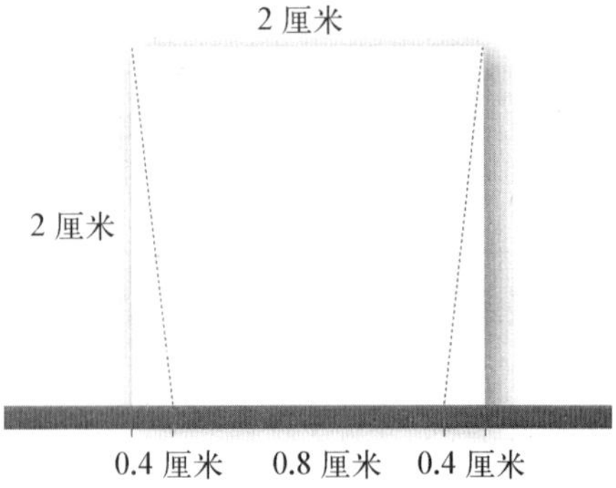

图 2

2. 再选 11 块方糖。用铅笔和尺子在每块方糖的两面标出两条垂直的对角线,以便如图 2 所示标出尺寸。重新修整这些方糖以使前部与后部如同梯形。将砂纸放于桌面,粗面朝上,然后轻轻地将每个方糖置于其上摩擦,将多余的糖粒从方糖的两侧去除,切勿超过铅笔线。最后,用指甲锉在边缘做磨砂。

3. 重修方糖之后，如图 3 所示，将糖块放于一张硬纸板上，开始建造一个拱形。开始建造拱形后，再将第二块硬纸板放于其上，以便使糖放于两张硬纸板之间。当两张硬纸板合在一起时，慢慢地将拱形倾斜以至直立。如果有帮手的话，此步骤会很容易操作。一旦拱形直立起来，观察它是如何结合在一起的。

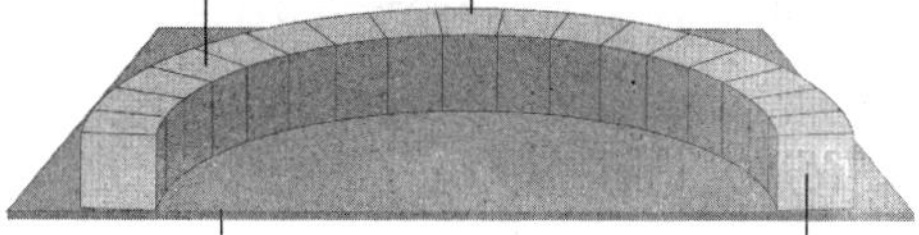

图 3

分 析

1. 在第一个塔中当你不断叠起方糖的时候发生了什么？当你堆起第二块方糖时又发生了什么？

2. 什么使拱形建筑结合在一起？为什么这个拱形和你在步骤 1 中所建的塔不一样？

3. 为什么拱形的顶部石粒称为楔石？

实验中将会发生什么？

为了使每块结构都得以保持直立，顶部附近的重量必须与底部的支撑点相平衡。如果每块方糖直接直立于另一块上，所有的重量将集中在最下面的那块上，但是如果每个石块都均衡地堆积，塔将保持直立，因为塔的重心是垂直于支撑点的。当石块偏移时，塔会倾斜，并且很快倒塌，重心不再置于支撑点上。拱形有两个支撑点，将重量均衡地分摊便解决了这个问题。

拱形通过压缩力凝聚在一起。因为每块方糖都有横截面，形似梯形，而非正方形，每个连续的方糖将一部分重量施加于两侧的糖块上。每个拱形最重要的部分是楔石。楔石是拱形顶部的中心方糖，它将其余的石块牢牢地锁在既定位置。当重力作用于拱形时，所有的糖块均衡地压缩，重量就均衡地分布于两侧的糖块上。若使一个拱形发挥效应，基石需要足够强有力才能足以支撑上面的拱形。基石还要足够巨大才能直立以使两边冲出的糖块得以支撑。当你建造自己的糖块拱形时，你也许注意到了它向底部有弯曲趋势。为了解决这个问题，建筑师通常会使最底部的石块比上部的石块更宽更重。

拱形不仅用于古代建筑中。当今，仍然有很多建筑使用拱形结构。一些现代的拱形是由石头建造的，但更多时候是由砖块、钢铁和水泥混制而成。拱形在桥与隧道建筑中尤为重要。独立拱形，尤其是巴黎的凯旋门和圣路易斯的拱形门已经将拱形转化成为一件艺术作品。

实验结果

1. 随着方糖堆积越来越高，第一座塔开始摇摇欲坠，但是它本该保持直立。第二座塔应该在堆积第五或者第六块方糖之后倾斜。

2. 拱形在压缩作用下紧密结合在一起。它之所以没有倾倒是因为有两侧的基石而非单单一块基石在支撑。

3. 楔石将其他的石块牢牢地控制在原地。

拱形、拱顶和穹顶

随着罗马帝国的不断扩张，在建筑中采用拱形的方法很快传到了世界各地。在大约 2000 多年里，建筑师一直在建筑中使用拱形，在世界上很多著名的建筑中都能看到拱形。然而，拱形虽然有利于承重，但它本质上是二维结构。单一的拱形又高又宽，但是基本上是平的。要想在建筑中使用，需要将很多个拱形排列起来才能实现。建筑家通常把拱形排成一排，建成封闭的通道，他们把它叫作拱廊。拱形的利用在中世纪达到了顶峰，很多教堂都采用了把多个拱形的顶端并联在一起的设计方式。大多数这样的建筑都有高高的尖顶，叫作拱顶，是由许多石头拱形组成的。为了避免这些拱形的底部被压弯，建筑师们在建筑物的外围加设垛墙来加强支撑力。

如果旋转拱形，它的底部就会形成一个圆形，这样你就得到了一个三维建筑物，叫作穹顶。与拱顶一样，穹顶可以作为一个巨大的开放建筑的顶棚。穹顶不需要内部的支撑。跟拱门一样，它的全部承重由向下的耐压力和建造穹顶所用材料本身的向外的张力承担。世界上第一个带有穹顶的建筑是罗马的万神殿。正如当初拱形流行的那样，穹顶建筑很快风靡起来。很多历史性建筑，包括建在

很多桥梁，比如美国科罗拉多河上的纳瓦霍桥，就使用了桁形结构，以及由横梁组成的包含一系列的对角线结构的坚固框架。三角形框架可以比四方形框架支撑更重的重量，因为这种结构能够把重量分散开来。

印度阿格拉的泰姬陵和美国华盛顿特区的美国国会大厦都是穹顶的。

三角形、桁形和方形

现在，你可能已经明白了几何在建筑中所起的重要作用。从金字塔里发现的巨大的矩形石块到支撑拱顶和穹顶的梯形砖块都可以看出，建筑材料的形状决定了支撑力的大小。举例来说，许多桥都用到三角形和拱形，但很少用到正方形。许多现代建筑设计采取了桁架结构。桁架结构是由桁和梁组合在一起，并包括很多条对角线支撑的坚固的框架。这些对角线设计把方形框架变成了一系列的三角形支撑。在“实验 23 三角形的支撑力”中，你会发现为什么一个简单的三角形能够有非常好的支撑力，以及为什么它总是成为桥梁和建筑物设计中的最佳形状。

实验 23　三角形的支撑力

题　目

三角形支撑可以比矩形支撑承载更多的载重吗?

介　绍

罗马建筑师修筑桥和大型建筑物时，通常使用石制拱形支撑结构。拱形其实是带有倒弧型边的大型三角形。之后，钢铁横梁被引进建筑材料领域，建筑师发现他们需要在墙结构上加上对角横梁以提供最大支撑。对角支撑加在一个正方形上时就成为一系列的三角形。在此项实验中，你将会测验两种不同的支撑系统(一个用三角形，另一个用正方形)，来决定三角形建筑材料更适合承受负荷。

实验时间

60 分钟

实验材料

- 150 个长圆牙签
- 100 个小块果汁软糖

- 桌子
- 薄纸板，30 厘米×30 厘米
- 尺子
- 剪刀
- 5 个建筑木块或者相似尺寸的木头，每个均 7 厘米×7 厘米×3 厘米

安全提示

本实验无须任何特殊安全防范措施。请仔细阅读并遵守本书“实验前必读”中的“安全准则”。

实验步骤

1. 如图 1 中模型所示，用牙签和小块果汁软糖，由 4 个立方体和 4 个四面体构成。建造此结构时，尽量使用大小一致的小块果汁软糖。

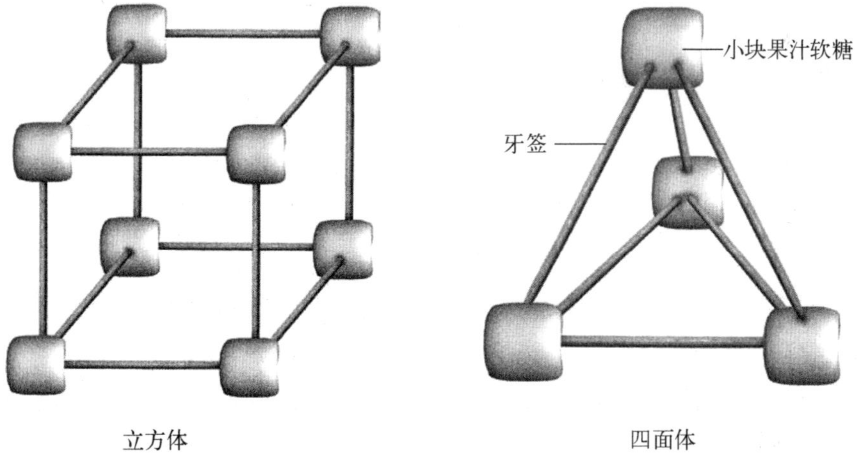

图 1

2. 将 4 个立方体置于你前面的桌子上，并将其隔开一定距离，使每个立方体成为纸板的 4 个角。将纸板放于 4 个立方体的顶部，观察试验。取出一个木块放于纸板中央，与此同时观察下面的立方体。继续增加木块直至立方体崩塌。

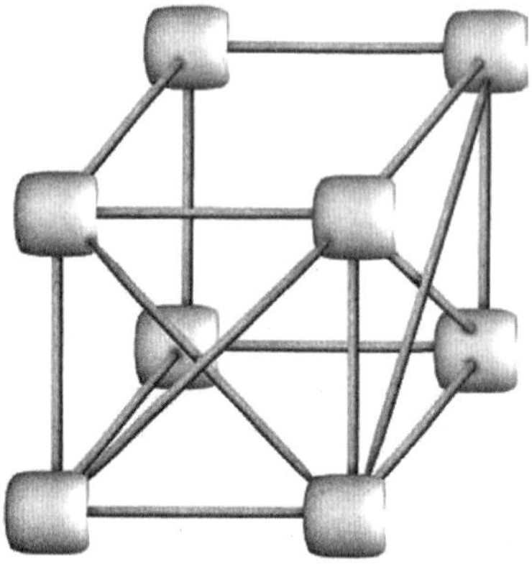

图 2

记录正方体可以支撑的木块数。

3. 拿掉 4 个立方体，用 4 个四面体支持模板来重复同样的步骤。观察载重增加时四面体所发生的变化。

4. 将 24 个牙签剪到 4.5 厘米的长度。用剪短后的牙签和小块果汁软糖，如第一步中所示，建造 2 个立方体。用较长的牙签，将对角支撑置于一个立方体的周围，如图 2 所示。将 2 个立方体置于你前面的桌子上，拉近距离，将一个木块放于其中一个立方体的顶部。观察立方体的变化。

分 析

1. 哪一种结构可以支撑更多的重量——立方体还是四面体？
2. 当你将木块置于纸板上时，立方体开始发生了什么变化？四面体呢？
3. 步骤 4 中对角支撑是如何支撑立方体上的重量的？

实验中将会发生什么？

当一个结构上负重时，每个建筑材料都要受到张力和压缩力。张力发生于一个物体被拉扯分裂或者伸展之时，而压缩力则发生于一个物体挤压之时。当一个载重置于立柱（一个正方形）支撑的水平木上时，横木的顶部开始受挤压，顶部伸展。这两种力使得横木在支撑点滑落，造成我们所熟知的位移。如果载重很大，位移也将很大，使得横木从支撑点滑落，整个结构倒塌。

三角形并不像正方形一样会发生同样的位移，其原因在于它们承载负重的方式是不同的。当一个三角形顶部受挤压时，力量会沿着边缘转移至三角形底部。虽然张力会作用于三角形的水平基线上，但通常情况下压缩力会作用于边线上，因此这两个力得以平衡。这一实验解释了为什么很多大的结构经常在基石上用四面体做支撑。将对角支撑加于横梁上，将横梁分成一系列小的三角形。横梁支撑起天花板和地板。这种分隔有助于分散载重，极大地减少位移的数量。

实验结果

1. 4 个四面体比 4 个立方体可以提供更多的支撑。

2. 在立方体崩塌之前，它们开始在木块的载重下扭曲变形。四面体则保持原形状不变。

3. 对角支撑使立方体在承受载重的时候免于变形。

建造桥梁

早期人们并不十分需要桥梁。当需要穿过河流时，他们或者找到一个潜水区域涉水而过，或者游过去。人们沿着线路运输商品和原材料，一些雄心勃勃的人或者当地政府建立了渡口。最初建造的桥梁，结构也都非常简单。

这些都随着罗马帝国的崛起而发生了变化。随着罗马地域超出大陆，他们需要有效率地运送人力和原材料。为了做到这点，罗马人修建了很多道路和桥梁。正如先前指出的那样，罗马建筑师广泛地运用石制拱形来支撑大部分的较大型桥梁。石拱桥牢固持久。实际上，如今欧洲的很多桥梁都是罗马建筑师在 2000 多年前建造的。

单纯地用石头建造桥梁存在很多缺点。首先，它需要很多原材料。如果附近没有采石场，石块必须从很远的地方运过来。这使得运费贵、消耗大。其次，正如你在“实验 22 拱形的载重力”中可能发现的那样，如果石头没有很精确地咬合在一起，整个结构都会崩塌。为了节省时间和金钱，工程师和建筑师在修筑桥梁时重新启用了木料。后来，他们又采用了钢材横梁。有时候，这样的设计会很成功，然而有时候却遭遇灾难。在“实验 24 桥形的载重力”中，你将有机会检测两种不同的桥梁设计方式，观察哪种设计能更好地支撑载重。

实验24　桥形的载重力

题　目

桥形是如何影响它所负载的重量的？

介　绍

罗马人修筑桥梁时，通常建成石拱形来支撑重量。罗马帝国没落之后，欧洲的建筑师和之后的美国建筑师在修建桥梁时重新使用较为简单的柱梁结构。事实证明，这些桥梁完全可以让人、马车和四轮马车顺利通行。然而，在铁路问世之后，事情却发生了极大的改变。大部分的桥梁再也无法支撑满载的火车重量。很多桥梁相继崩塌。这个问题直到19世纪末期，随着桁架桥的发展才得以解决。在本实验中，你将对一个简单的桁架桥和一个较为传统的柱梁结构桥作比较，观察哪种结构可以更有效地支持载重。

实验时间

60分钟

实验材料

- 150 根长圆牙签
- 100 个小块果汁软糖
- 桌子
- 尺子
- 4 本大书，同一厚度
- 3 个木头块或者相似尺寸的木片，每个 7 厘米×7 厘米×3 厘米

安全提示

本实验无须任何特殊安全防范措施。请仔细阅读并遵守本书“实验前必读”中的“安全准则”。

实验步骤

1. 如图 1 模型所示，用牙签和小块果汁软糖建造一个简单的柱梁桥的结构。建造此桥梁时，尽量用同样大小的小块果汁软糖。

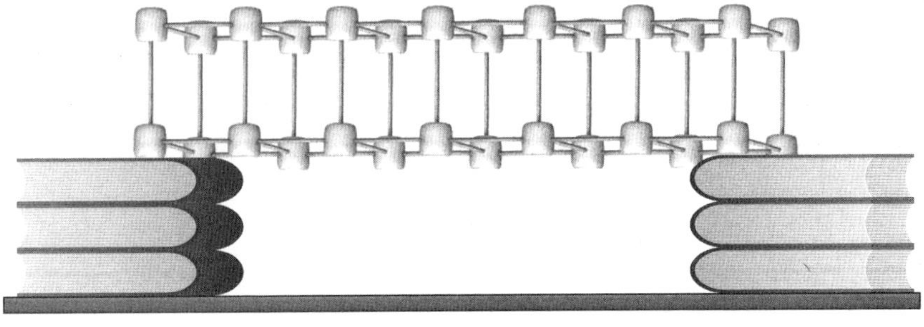

图 1

2. 拿出两叠书，相距 20 厘米。将桥保持 1 分钟，观察桥跨发生了什么变化。将一个木块置于桥上，放于桥跨的中心，之后再放第二个木块，继而第三个。完成这些之后，移动桥梁。

3. 如图 2 模型所示，用牙签和小块果汁软糖建造桁架桥。将桁架桥放书本上面，如下依步骤 2。

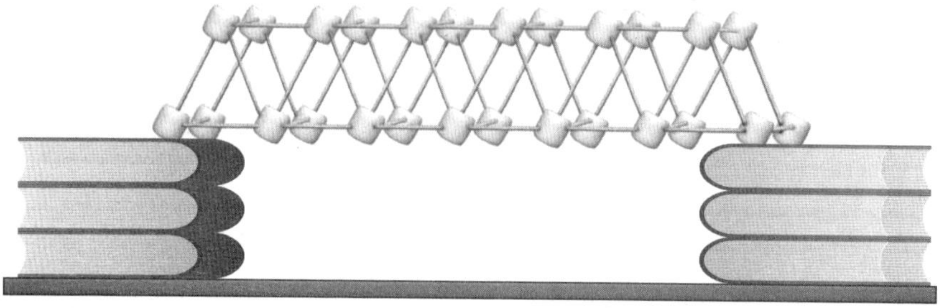

图 2

分 析

1. 柱梁桥放于书本上时，柱梁桥发生了什么变化？
2. 小载重放于柱梁桥上，柱梁桥发生了什么变化？
3. 桁架桥放于书本上时，桁架桥发生了什么变化？
4. 根据你的实验判断哪种桥可以支撑更多的载重？

实验中将会发生什么？

不同于有四方形或者矩形建筑原件及设备的柱梁桥，桁架桥由一系列的三角形分割构成。重力使柱梁桥中心的水平横梁弯曲程度超过载重横梁的弯曲程度。因此，桥梁会在中心下降。桥上的重量如果继续增加，桥就会崩塌、位移导致水平方向的横梁块从载重面上滑落或崩塌。三角形的桁架桥可以均匀地分散载重量。这其中有着张力和压缩力，但这两种力在三角形中趋向于平衡，所以很少发生弯曲。结果就是，每个支持梁都可以保持直立，位移几乎很少发生。

实验结果

1. 柱梁桥在中心点开始塌陷。
2. 只要柱梁桥有载重，柱梁桥便会倒塌。

3. 桁架桥放在书本上时仍然平衡。

4. 桁架桥可以支撑更多的载重。

吊 桥

由钢铁和木材建成的桁架桥只要相对短小，性能就会良好。到了19世纪末期，建筑师和工程师面临着建造更长更坚固的桥梁的挑战。他们开始采用传统的设计：吊桥。在罗马人使用石头建造拱桥之前，人们在河道、山谷上方用穿线葡萄树和绳索建造一些简单的拱形，正如此名所暗示的，吊桥并不是从下方被支撑起来的。相反，它通过桥面板上的支撑物悬浮起来。古代和如今的吊桥的不同之处在于材料的差异。坚固的钢丝绳代替了绳索和藤架，支撑起现代的吊桥。

19世纪末期以前，还没有高强度的钢铁。建筑者用比钢更柔软脆弱的铁做建筑材料。一些吊桥用铁索支撑起桥板，但它们并不稳固。第一座真正的现代化吊桥是德国工程师约翰·罗布尔设计的。罗布尔和他的儿子华盛在1883年纽约布鲁克林大桥的竣工之时革新了吊桥的设计。

明石海峡大桥是世界上最长的吊桥。吊桥有坚固的钢丝绳支撑铁道。

现代吊桥的设计非常简单,要在河的两侧建两座高塔。将纺钢丝制成的两条粗缆固定在桥两端的地面上,它们悬挂于两座塔的顶部,然后坠落于桥中心的路面上。一旦主电缆设定之后,桥面板从两边建造出来,由一系列从两条主线缆悬挂下来的垂直线缆支撑。每隔一段距离就加进小一些的线缆,这样设计是为了保持桥的稳固,支撑更多的载重。

随着原料和技术的不断改良,吊桥也在升级。世界上一些最著名的桥就是吊桥,包括旧金山的金门海峡大桥、纽约的乔治·华盛顿大桥、英国的亨伯尔桥、日本的明石海峡大桥。明石海峡大桥是目前世界上最长的吊桥。明石海峡大桥主跨 1 990 米,超过 1 600 米,是布鲁克林大桥长度的 4 倍。

石 基

无论一座建筑多么富有美学趣味,使人为之心旷神怡,如果它不能支撑自然界的各种力,这个设计就是失败的。任何桥梁和建筑的设计最重要的部分在于它的地基。虽然一个稳固的地基对于一个建筑的外表增加不了任何光彩,但是如果没有了这个地基,一座高楼或者一座桥很快就会变成一堆乱石。地基支撑着整个建筑的其他部分。

当一个建筑师设计建筑时,他必须考虑建筑物所在的地面类型。虽然地球本身是石头构造的,并且实际上地表也有很多裸露在外的岩床。但在很多情况下,岩床上布满了沉积物。如先前所讨论的,沉积物大小不一,性质不同。除非建筑物是建立在稳固的岩床岩上,否则任何建筑物的地基都需要支撑。在“实验 25 设计建筑物的支点”中,你将会发现一个底座为建筑物的地基所提供的支持,而不必非得建在稳固的岩床上。

实验 25　设计建筑物的支点

题　目

底座的设计是如何支撑建筑物的地基的？

介　绍

随着时间的流逝，建筑师想了很多种聪明的办法支撑建筑物的地基。有些时候，会向地底下打进标杆或桩头，直到它们碰到坚硬的岩石。而在其他情况下，上面覆盖的沉淀物会被移走，露出岩床。通常，一个更为简易的方式是在建筑的底部建造称之为地基的底座。在此实验中，你将通过测验看到附近没有基岩时，建筑物下面的地基是如何协助提供结构支撑的。

实验时间

60 分钟

实验材料

- 大袋的商业表层土壤或者盆栽土
- 大塑料洗碟盆
- 标准建筑用砖

- 尺子
- 手表或者计时器
- 木板大约 20 厘米×20 厘米×3 厘米
- 盛水的喷水壶
- 园艺用泥铲

安全提示

本实验无须任何特殊安全防范措施。请仔细阅读并遵守本书“实验前必读”中的“安全准则”。

实验步骤

1. 将干土盛进洗碟盆，大约 1/3 处。用泥铲或者手将土壤表层抚平，但不要按压土壤。测量土壤的深度，将数字记录在数表上。将模板放在土壤上方，洗碗盆中央。模板边缘与洗碗盆边侧之间至少要相差 5 厘米。如果模板太大，将其挪开，请一位成年人把它剪成合适尺寸。

2. 轻轻地将砖块竖立，靠近模板的中央。当你移动木块时，观察土壤的变化。30 秒钟后，移开砖块和木板。测量木板下面土壤的深度，将数字记录在数表上。

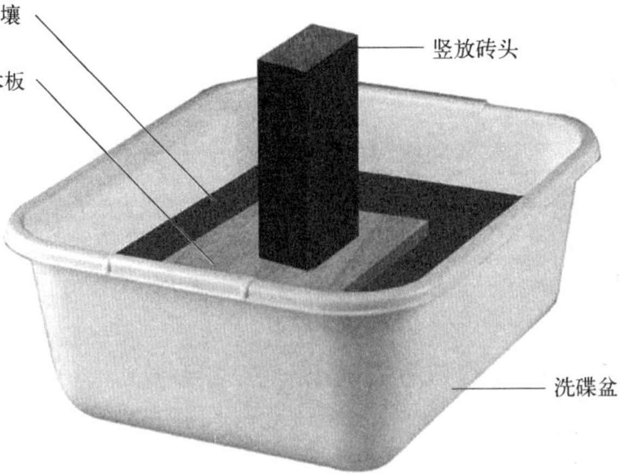

3. 用泥铲或手搅动在洗碟盆里的土壤。抚平土壤，使其深度与步骤 1 开始时的步骤一样。轻轻地将砖块竖立。随着移动砖块，观察发生的变化。30 秒钟后，移开砖块，测量砖块下面土壤的深度。

4. 用泥铲或者手将泥土从洗碟盆中移走，将其余袋子中剩余的土壤混合在一起。将洗碟盆中重新装满土壤，用喷水壶将上层土壤浸湿。测量记录湿土的深度。用湿土重复步骤 2，继而步骤 3。在数表上记录湿土的上层厚度。

数 据 表

干土的初始深度	
木板和砖块下的干土深度	
只在砖块下的干土深度	
湿土原本深度	
木板和砖块下的湿土深度	
只在砖块下的深度	

分 析

1. 只有砖块置于其上时，干土有什么变化？这与砖块置于木板中央时，土壤的变化有什么不同？

2. 砖块置于湿土上时发生了什么现象？木板是如何使其变化的？

3. 在哪种情况下土壤深度变化最大？

实验中将会发生什么？

设计底座是为了将重量分散到更大的表面积上，从而支撑建筑物的重量。底座的原理与船只的浮力原理相同，即运用了阿基米德定律。在大多数情况下，一个建筑的底座比地基要宽很多。表面区域的扩大意味着下面的土壤不会在建筑物的重压下紧密地结合在一起。而且，底座帮助减少了下面土壤导致建筑地基以不同的比率沉淀的变数，这些变数将趋于平衡，建筑物就可以免于破裂、崩塌。底座通常不是由木头打造的，而是将强化混凝土倾倒进建筑地点的模子里而制成的。混凝土干燥之后，底座就成了一个独立的单元。

实验结果

1. 砖块在木板上时，并不像直接在土壤上时陷得那么深。
2. 砖块在湿土上时，会开始倾斜。木板使砖块得以直立。
3. 当土壤变湿并且只有砖块在其上时，泥土变得紧凑无比。

打 桩

有时一个简单的底座不足以支撑一个建筑。如果土壤极松软或者载重负荷极大时，设计师将会采用地桩。地桩就像被打进地里的标杆，协助支撑建筑。大多数现代化的地桩是由钢或者混凝土制成的。过去，大部分地桩是由木头制成的，用来支撑桥墩，也用来支撑沉淀物不断转移的海边房子、船坞码头。

地桩不能给大吊桥的塔楼提供足够的支撑。在这些情况下，工程师采用称之为气压沉箱的设备。气压沉箱类似于钢或者混凝土制成的汽缸，但是在一端有开口。将水抽出来，将气体打进去，这样工人也得以进去。工人将汽缸下面的沉积物挖出来，使汽缸不断下沉进入河床直至碰到岩床。然后把汽缸里注满混凝土，将吊桥的塔楼建于其上。